C·H·Beck

W0078769

Susanne Schröter

ALLAHS
KARAWANE

Eine Reise durch das
islamische Multiversum

C.H.BECK

Mit 11 Abbildungen

Originalausgabe
© Verlag C.H.Beck oHG, München 2021
www.chbeck.de
Umschlaggestaltung: Kunst oder Reklame, München
Umschlagabbildung: Rast in einem Palmenhain auf dem Weg
nach Mekka. Indische Miniatur, Mogul-Schule, 1676. Aus dem
Pilgerführer des Safi ibn Wali, Bombay, Prince of Wales Museum.
© Roland and Sabrina Michaud/akg-images
Satz: C.H.Beck.Media.Solutions, Nördlingen
Druck und Bindung: Druckerei C.H.Beck, Nördlingen
Gedruckt auf säurefreiem und alterungsbeständigem Papier
Printed in Germany
ISBN 978 3 406 77492 8

myclimate

klimaneutral produziert
www.chbeck.de/nachhaltig

«Diese irdische Welt ist eine Karawanserei auf dem Wege zu Gott, und alle Menschen finden sich in ihr als Reisegenossen zusammen. Da sie aber alle nach demselben Ziel wandern und gleichsam eine Karawane bilden, so müssen sie Frieden und Eintracht miteinander halten und einander helfen und ein jeder die Rechte des anderen achten.»

Al-Ghazali, Das Elixier der Glückseligkeit

Inhalt

Einleitung

Das öffentliche Bild des Islams ist gegenwärtig von fundamentalistischen Moscheen, intoleranter Orthodoxie und einer Instrumentalisierung der Religion durch illiberale Politiker geprägt. Hinzu kommt das Wüten terroristischer Eiferer von den Philippinen bis nach Mali. Die zweitgrößte Weltreligion mit ihrer großen Bandbreite an gelebter Spiritualität gerät in Gefahr, in der Außenwahrnehmung auf ihre wenig liebenswerten Spielarten reduziert zu werden, die unter dem Begriff des politischen Islams zusammengefasst werden können.

Dieses Buch zeigt andere Seiten des Islams, die nicht in Vergessenheit geraten sollten, wenn wir Aussagen über diese Weltreligion machen, die eine erstaunliche innere Vielfalt aufweist. Es befasst sich mit sufistischen Dichtern, die die Sehnsucht nach der Nähe Gottes in erotischen Metaphern besingen, mit Feministinnen, die mit dem Koran für Frauenrechte kämpfen, mit muslimischen Matriarchaten, mit Gläubigen, die das Fasten durch Arbeit ersetzen, und mit Philosophen, die Wissenschaft, Demokratie und den Islam zusammendenken, um ihre Vision von Gerechtigkeit zu untermauern. Teils erheben die vorgestellten Spielarten des Islams den Anspruch, die wahre Auslegung des Korans und der islamischen Überlieferung zu repräsentieren, mit der andere, vermeintlich falsche Deutungen korrigiert werden. Häufiger jedoch sind sie eine Folge der unterschiedlichen regionalen Kontexte, die den Islam bei seiner Ausbreitung geformt haben. Dabei ist es zu Verschmelzungen mit lokalen religiösen Traditionen gekommen, aber auch mit dem Christentum, dem Hinduismus, dem Buddhismus, mit chinesischen Philosophien sowie mit platonischen und gnostischen Ideen. Vorislamische Göttinnen wurden in islamische Rituale integriert, konfuzianische Tempel haben die Architektur von Moscheen geprägt, und manchmal war das Heilige ebenso im Schrein wie im

Bordell präsent. All dies hat dazu geführt, dass der Mehrheitsislam in Ländern wie Senegal, Pakistan, Albanien und China jeweils ein ganz eigenes Profil gewonnen hat. Zu all den theologischen und kulturellen Faktoren, die das Gesicht dieser Religion prägen, kommen zudem die Gläubigen selbst, die sich oft weniger an den Buchstaben der heiligen Texte als an den eigenen Bedürfnissen orientieren und versuchen, die Vorgaben des Islams mit ihren Vorstellungen von einem guten Leben in Einklang zu bringen.

Das Buch führt die Leser durch unbekannte Welten des Islams in Asien, Afrika, Europa und den USA. Es zeigt Lebensrealitäten von Muslimen, die weniger durch Orthodoxie als durch Pragmatismus, Kreativität und Poesie geprägt sind. Es stellt Personen vor, die mit großem Engagement für eine bessere Welt kämpfen, sich für die Rechte von Frauen und anderen Benachteiligten einsetzen und dabei ihre Religion neu denken müssen. Es zeigt Menschen muslimischer Herkunft, die eine persönliche Beziehung zu ihrem Gott kultivieren, sich aber Einmischungen von anderen verbitten. Es informiert über muslimische Gruppen, deren Mitglieder mit Begeisterung Rituale durchführen, die andere für unislamisch halten. Es gibt Einblicke in Dimensionen islamischer Mystik, die manche als Häresie verurteilen. Einige der vorgestellten Strömungen des gegenwärtigen Islams können mit dem Adjektiv «tolerant» bezeichnet werden, andere sind dogmatisch und von einem ehernen Wahrheitsanspruch beseelt. Gemeinsam ist den hier vorgestellten Spielarten des Islams allerdings, dass sie von Fundamentalisten und Radikalen abgelehnt und ihre Anhänger häufig sogar als Apostaten verfolgt werden. Die Vielfalt des Islams ist all denen ein Dorn im Auge, die sich für die globale Homogenisierung dieser Weltreligion starkmachen und dabei vor Gewalt nicht zurückschrecken.

1. TÜRKEI

Drehende Derwische und der laizistische Staat

Südlich von Ankara liegt die Stadt Konya. Hier lebte im 13. Jahrhundert der Poet Rumi, dessen Liebeslyrik als Inbegriff des sufistischen Strebens nach einer Vereinigung mit Gott gilt. Diesem Ziel dient auch das schnelle rituelle Drehen um die eigene Achse, das einige der Anhänger Rumis praktizieren, um in einen ekstatischen Zustand zu gelangen. Spiritualität bedeutet aber keineswegs Weltentsagung. Viele sufistische Bruderschaften agierten in der Vergangenheit machtbewusst und übten großen Einfluss auf die Politik des Osmanischen Reiches aus. Nach dessen Zusammenbruch und der Gründung der modernen Türkei als laizistischem Staat wurden sie aufgelöst. In den verborgenen Nischen der Republik überlebten sie jedoch den säkularen Furor und kehrten schließlich in die Öffentlichkeit zurück.

Zwischen Spiritualität und Scharia

Der Sufismus gilt in westlichen Ländern als schöne Seite des Islams. Man denkt unvermittelt an den persischen Dichter Hafis, der die deutsche Orientwissenschaft des 19. Jahrhunderts begeisterte und Goethe inspirierte, oder an den Philosophen Ibn al-Arabi, der als Advokat interreligiöser Toleranz im spanischen al-Andalus wirkte. Fast immer wird der Sufismus mit Innerlichkeit und Frieden assoziiert. Sowohl wissenschaftliche als auch feuilletonistische Darstellungen sind nicht selten schwärmerisch. Die Islamwissenschaftlerin Annemarie Schimmel zitierte in ihren Abhandlungen Gedichte über blühende Gärten «mit duftenden Rosen und klagenden Nachtigallen», die «zu Symbolen für die göttliche Schönheit und die Sehnsucht der Seele» würden, und berichtet von Gipfeln «der höchsten theosophischen Weisheit».[1] Daher verwundert es nicht, dass sich manch einer von einer Stärkung dieser Spielart des Islams ein Allheilmittel gegen den Islamismus, besonders in dessen gewalttätiger Form, verspricht. So bezeichnete der Schriftsteller Ilija Trojanow den Sufismus nicht nur als undogmatische und antiautoritäre Variante des Islams, sondern auch als wichtige Kraft gegen Extremismus.[2] Ähnlich äußerte sich der pakistanische Kolumnist Syed Qamar Afzal Rizwi. Der Sufismus verkörpere Humanismus, Mitmenschlichkeit und Philanthropie und damit wichtige Grundwerte des Islams, schrieb er. Wenn sich Muslime darauf konzentrierten anstatt einer schariazentrierten Orthodoxie das Wort zu reden, schüfen sie ein Gegengewicht gegen den islamischen Extremismus und die wachsende Islamfeindlichkeit gleichermaßen.[3]

Dieses begeisterte Bild vom Sufismus entspricht jedoch nur bedingt der Realität. Der Sufismus ist keine einheitliche Strömung, sondern zerfällt in Bruderschaften, die sehr unterschiedlich verfasst sind, und es gibt sogar Sufis, die unabhängig von religiösen Organisationen ihren eigenen spirituellen Weg gehen. Der Begriff «Sufismus» leitet sich vermutlich von dem Wort *suf* für Wolle ab und soll auf die einfache Kleidung der ersten Anhänger dieser mystischen Tradition verweisen, denen die Beziehung zu Allah wichtiger war als irdische Güter.[4] Eine Abkehr von der materiellen Welt ist auch in dem persischen Terminus *derwisch* angelegt, der übersetzt «Bettler» bedeutet. Bereits in der Frühzeit des Islams gab es Asketen wie den irakischen Theologen Hasan al-Basri (642–728), der dem Weltlichen entsagt und sich nur noch der Meditation und dem Koran gewidmet haben soll. Eine Reihe von muslimischen Gelehrten und Dichtern, die dem Sufismus zugerechnet werden, positionierte sich vollkommen außerhalb der Schulen islamischer Normenlehre, die die Orthodoxie begründeten. Das zeigt sich eindrucksvoll an einer Begebenheit aus dem Leben der Mystikerin Rabia al-Adawiyya (714–801). Als sie mit einer Fackel in der einen und einem Eimer

Mevlevi-Derwisch in Konya, 1888

Wasser in der anderen Hand durch ihre Heimatstadt Basra eilte und gefragt wurde, wohin sie denn wolle, soll sie geantwortet haben, sie wolle in die Hölle und dort das Feuer löschen und danach in den Himmel, um ihn in Brand zu stecken.[5]

Viele Sufis lehnten die verbreitete Lehre ab, nach der Muslime den Nichtmuslimen überlegen sind und die zu einem zentralen Merkmal der Orthodoxie werden sollte. Dafür steht etwa der Philosoph Ibn al-Arabi (1165–1240), der seine spirituellen Erfahrungen nicht in das enge Korsett einer religiösen Zugehörigkeit pressen wollte. Wie andere islamische Mystiker verband er neuplatonische, gnostische und islamische Elemente miteinander. Das schloss Engstirnigkeit und fundamentalistische Überheblichkeiten *per se* aus. «Mein Herz ist fähig, alle Formen anzunehmen», schrieb er in einem Gedicht. Es sei «eine Weide für Gazellen, ein Kloster für den Mönch, ein Tempel für die Götzen und eine Kaaba für den, der sie umkreist. Ich bekenne die Religion der Liebe, wohin auch immer ihre Karawane zieht. Die Liebe ist mein Glaube und meine Religion.»[6] Das gefiel schon zu seinen Lebzeiten nicht jedem, genauso wenig wie die zahlreichen erotischen Metaphern, die er verwendete. Man beschuldigte ihn schließlich der Blasphemie und zwang ihn, sich im Jahr 1210 vor einem juristischen Tribunal zu rechtfertigen. Ähnlich wie Ibn al-Arabi negierte auch der Mystiker Yunus Emre, der für das Osmanische Reich und die Türkei bedeutsam werden sollte, die Grenzen zwischen den Religionen. In einem Gedicht, in dem er die Berge, Steine und Nachtigallen als Beistand anruft, heißt es: «Mit Jesus hoch im Himmelsland, mit Moses an des Bergesrand, mit diesem Stab in meiner Hand, will ich dich rufen, Herr, o Herr.»[7]

In vielen sufistischen Strömungen sind christliche, jüdische, buddhistische und hinduistische Einflüsse nachweisbar, die auf umherziehende Wanderprediger zurückgehen.[8] Der Sufismus entspricht damit wohl am ehesten dem Ideal eines Johann Wolfgang von Goethe, der in seinem *West-östlichen Divan* davon träumte, das jeweils Beste aus Orient und Okzident miteinander zu verbinden.[9]

Zwangsläufig geraten Sufis deshalb in Konflikte mit Vertretern der Orthodoxie und gegenwärtig besonders mit dem Salafismus. Auch die Beziehung zwischen einem Meister und seinen Schülern, die heute im Sufismus von essentieller Bedeutung ist, gilt vielen fundamentalistischen Muslimen schlicht als Ketzerei. Sufistische Meister werden im Arabischen als Scheich und im Persischen als *pir* bezeichnet. Sie sollen den Schülern durch ihr Vorbild den Weg zu Allah eröffnen. Gewöhnlich behaupten sie von sich, ihre Genealogie weise sie als Nachfahren Mohammeds aus, und bringen den Propheten damit in die Position eines Ahnherrn einer Bruderschaft.[10] Die konstruierte Abstammungslinie wird Kette (*silsila*) oder «goldene Kette» genannt. Mit der Herkunftslinie begründen die Scheichs ihre Autorität und ihren besonderen Status.[11] Ihre Anhänger sind davon überzeugt, dass sie im Besitz besonderer spiritueller Kräfte (*baraka*) sind, die sie durch Berührung weitergeben können. Verstorbene Meister werden oft als Heilige verehrt. Ihre Gräber sind Orte der mystischen Kontemplation. Nicht selten werden sie spirituelle Zentren. Dieser Personenkult gilt Salafisten und Wahhabiten jedoch als *shirk*, als polytheistische Irrlehre, da die Verehrung nur Gott selbst gelten dürfe. Immer wieder zerstören Islamisten deshalb sufistische Schreine und Bibliotheken, verüben Anschläge auf Heiligtümer oder verfolgen Gläubige.

Aus diesem Umstand lässt sich aber nicht ableiten, Sufis seien *per se* undogmatisch, moderat oder gar progressiv. Die Mehrheit der sufistischen Orden vertritt einen nach strengen Regeln geordneten Islam mit absoluter Autorität des Scheichs, mit männlicher Dominanz, einer rigorosen Geschlechtertrennung sowie einer strengen Bekleidungsordnung, insbesondere für Frauen. Viele Sufi-Meister folgen zudem der konservativen Normenlehre, wenn es um den Koran oder die islamische Jurisprudenz geht.[12] In einem Gespräch, das ich vor einigen Jahren führte, definierte ein Sufi die getreue Befolgung orthodox-muslimischer Pflichten als Grundlage seines Glaubens. Nur derjenige, der fünf Mal am Tag bete, dreißig Tage im Jahr faste, der die vorgeschriebenen Almosen gebe und, wenn es

finanziell möglich sei, auf eine Pilgerreise nach Mekka gehe, erklärte er, sei überhaupt ein Muslim. Ein anderer Gesprächspartner
vertrat die Ansicht, dass man Gott am meisten durch ein pünkt-
liches Gebet zufriedenstellen könne.[13] Der Ethnologe Jürgen Wasim
Frembgen, der sich seit vielen Jahrzehnten mit dem praktizierten
Sufismus befasst, unterscheidet aus diesem Grund orthodoxe von
freieren Bruderschaften.[14]

Obwohl in der Geschichte des Sufismus die Existenz von Asketen
verbürgt ist, die allem Irdischen und damit der weltlichen Macht
entsagt haben, sind nicht alle Sufi-Gemeinschaften so politikfern,
wie oft behauptet wird. Sufistische Orden waren häufig politische
Schwergewichte und beteiligten sich mit Waffengewalt an der Ausbreitung des Islams, dabei unter anderem an der Expansion des
Osmanischen Reiches nach Südosteuropa.[15] In antikolonialen Aufständen und Guerillabewegungen in Asien, Afrika und im Kaukasus
waren sie ebenfalls aktiv.[16]

Das Ohr des Herzens

Eine der bekanntesten sufistischen Bruderschaften ist der Mevlevi-
Orden. Er geht auf Jalal ad-Din Mohammad Rumi (1207–1273) zurück, der in der ehemals persischen Stadt Balkh geboren wurde. Die
Familie floh vor den Mongolen, die Balkh im Jahr 1221 zerstörten,
nach Westen und gelangte über Aufenthalte in Bagdad und Damaskus schließlich nach Konya, der Hauptstadt der Rum-Seldschuken.
Rumis Vater war ein der Mystik zugetaner Prediger, der in Konya
auf einen Lehrstuhl für Theologie berufen wurde. Nach seinem Tod
folgte ihm sein Sohn Jalal ad-Din Rumi.

Das Leben Rumis verlief in den gesetzten Bahnen eines religiösen Gelehrten seiner Zeit, bis er im Jahr 1244 dem Mystiker Schams-
uddin Tabrizi begegnete. Beide fühlten sich stark zueinander hin-
gezogen, und es entstand eine Beziehung, die im intellektuellen
Sinne als sokratisch bezeichnet werden kann. Die gegenseitige An-
ziehung war aber auch emotionaler Natur bis hin zur vollkomme-

nen Abhängigkeit Rumis, und wahrscheinlich hatte sie auch eine erotische Komponente.[17] Rumi verfiel dem verehrten Freund vollkommen und begann, seine Lehrtätigkeit, seine Familie und andere soziale Kontakte zu vernachlässigen. Es kam zu Konflikten mit seiner Anhängerschaft. Schließlich verließ Tabrizi die Stadt. Rumi soll außer sich gewesen sein und habe sich verzweifelt auf die Suche nach dem Verschwundenen gemacht, ohne ihn zu finden. Nach fünfzehn Monaten kehrte Tabrizi zurück, was die Spannungen in Konya erneut befeuerte. Aufgrund anhaltender Proteste habe er, so heißt es, der Stadt dann endgültig den Rücken gekehrt. Den Verlust verarbeitete Rumi in einer Liebeslyrik, für die er bis auf den heutigen Tag berühmt ist. Die Verse, die um die Sehnsucht nach Vereinigung mit dem Geliebten kreisen, werden allerdings ausschließlich in spirituell-religiöser Weise gedeutet. Sie passen zum sufistischen Motiv der Hingabe, die als erkenntnisleitend und teilweise als Gegensatz zu formalem Wissen verstanden wird. Rumi selbst soll Wissen einmal als Schleier bezeichnet haben, der den Weg zu Allah verdeckt.[18] Nach dreijähriger Trauer, in der ihn nur die Musik getröstet haben soll, kehrte Rumi in die Gemeinschaft zurück und setzte seine Lehrtätigkeit fort. Er hinterließ ein umfangreiches Werk, das aus Gedichten, den Versen seines Hauptwerkes *Mathnawi* sowie Briefen und aufgezeichneten Gesprächen besteht.

Nach seinem Tod wurde Rumi in Konya in einem Mausoleum beigesetzt, und die Begräbnisstelle entwickelte sich schnell zu einem Andachtsort. Seine Anhänger, darunter einer seiner Söhne, entwickelten eine Ordensstruktur, um die Ideen des Verehrten lebendig zu halten. Sie benannten ihre Vereinigung nach der Ehrenbezeichnung «Mevlana» (Meister), mit der Rumi angesprochen wurde. Durch ein starkes Wachstum und unterschiedliche Orientierungen ihrer Geistlichen bildeten sich zwei Richtungen heraus, von denen eine in vielem mit der Orthodoxie übereinstimmte, während die andere davon abwich.[19] In der Frühzeit der Bruderschaft, so der Historiker Bruce McGowan, hatte der Orden vermutlich eine entspannte Haltung zu Alkohol und zu halluzinogenen

Drogen. Auch seien Hierarchien noch nicht ausgeprägt und verfestigt gewesen, was Frauen eine Teilnahme erleichtert habe.[20] Später wurden sie ausgeschlossen, und innerhalb des Ordens etablierten sich hierarchische Strukturen mit verschiedenen Rängen: die Sympathisanten (*muhip*), die Derwische, die Ältesten (*dede*), die Scheichs, die Ordenshäuser (*tekke*) leiteten, und die höchsten Führer (*çelebi*), die als Nachfahren Rumis galten.[21] Die Rangunterschiede wurden durch die Kleidung sichtbar gemacht. Mit Ausnahme der Position des *çelebi*, die in väterlicher Erblinie vergeben wurde, waren Aufstiege für die Mitglieder möglich, wenn sie sich als geeignet erwiesen. Die geordnete Verfasstheit war ein großer Vorteil, als es darum ging, die Rolle der Bruderschaft in Staat und Gesellschaft auszubauen. Während des Osmanischen Reiches wurden die Mevlevis nämlich zu einem gleichermaßen urbanen wie politischen Phänomen. Sie erbauten ihre Ordenshäuser in den Städten, pflegten Kontakt zu den gebildeten Schichten, wurden von Würdenträgern unterstützt und von Steuerzahlungen befreit.[22] Von der Bevölkerung wurden die Derwische nicht nur wegen ihrer Nähe zu Allah verehrt, sondern auch aufgesucht, um Segenssprüche zu erhalten, von denen man die Genesung von Krankheiten erhoffte.[23]

Im Zentrum der gemeinschaftlichen religiösen Praxis der Mevlevis stand und steht noch immer die ritualgeleitete Spiritualität, die im *dhikr* und im *sema* verkörpert werden. Das *dhikr*, das Gedenken Allahs, wird in allen türkischen Bruderschaften durchgeführt. Dabei geht es um das Memorieren der neunundneunzig Namen Allahs, die im Koran überliefert sind. Diese Namen beschreiben Eigenschaften Gottes. Er heißt «der Gnädige», «der Barmherzige» oder «der Allwissende». Das *dhikr* ist eine kollektive Meditation, die vom Scheich angeleitet wird. Im Orden der Mevlevis spricht oder singt man die Namen Gottes laut und bewegt sich dabei rhythmisch. Auf diese Weise wird ein Zustand der Entrücktheit bei den Teilnehmenden erzeugt. Das zweite, weitaus wichtigere Ritual wird *sema* genannt. Es beginnt mit Lobpreisungen des Propheten Mohammed und musikalischen Sequenzen, in denen eine *ney* genannte Rohrflöte zum Einsatz kommt, die in der klassischen osmanischen Musik eine wichtige Rolle spielte. Ihr Klang symbolisiert gleichermaßen den göttlichen Atem der Schöpfung und die Klage des Gläubigen über ihre Trennung von Gott. Nach Auffassung der Mevlevi soll die Musik dabei «mit dem Ohr des Herzens» gehört werden.[24] Das *sema* verbindet Musik und Anrufungen mit rituellen Drehbewegungen, bei denen die Derwische mit leicht nach rechts abgeknicktem Kopf und erhobenen Armen um die eigene Achse rotieren. Eine Handfläche ist nach oben geöffnet, um die göttliche Energie zu empfangen, die andere zeigt nach unten, um die Energie wieder abzugeben. Im Drehen soll die Bewegung verkörpert werden, die dem bewegten Universum innewohnt. Die Derwische sollen ihr eigenes Selbst im Ritual aufgeben, mit der göttlichen Liebe verschmelzen und sich selbst im göttlichen Geliebten auslöschen. Sie tragen dabei hohe Filzhüte (*sikke*), die einen Grabstein symbolisieren, und weiße Gewänder, die aus einer Hose, einem engen langärmligen Oberteil und einem bodenlangen glockenförmigen Rock bestehen. Die Gewänder werden mit Leichentüchern assoziiert. Dahinter steht die Auffassung, dass man das Irdische bereits während des Lebens im Gedenken Gottes überwinden solle. Der Sufismus-Experte Jürgen Frembgen sieht eine Verbindung zu magisch-asketischen Traditionen des alten Iran.[25] Beendet wird das *sema* mit Rezitationen von Koranversen und Gebeten.

Musik war bei den Mevlevis ein zentrales Element, um Gott näher zu kommen, und der künstlerische Standard der Ordensmusiker war außerordentlich hoch. Viele Mitglieder der Bruderschaft waren international als Musiker bekannt, etliche wurden am Hofe des Sultans angestellt. Der Mevlevi-Orden hatte daher einen großen Einfluss auf die gesamte Musikentwicklung im Osmanischen Reich. Durch das Musizieren in den Ordenshäusern erhielt auch die Bevölkerung, die dort einen Teil ihrer Bildung erlangte, einen Zugang zur Musik. Vom 17. Jahrhundert an unterrichteten die Derwische armenische, jüdische und griechische Musiker und sorgten für deren künstlerische Integration und für die Entwicklung neuer Musikstile.[26] Dass die Grenzen zwischen spiritueller und profaner Musik verschwammen, blieb dabei nicht aus. Ähnliches lässt sich auch für die Architektur der Mevlevis sagen, besonders für die Ordensgebäude. Wie christliche Klöster umfassten sie eine Reihe von Häusern, die entweder weltlichen oder religiösen Zwecken dienten, darunter Bibliotheken, Grabstätten, Küchen und Wohnungen sowie die Räume, in denen gemeinschaftliche Rituale durchgeführt wurden.

Die sufistische Orthodoxie der Naqschbandis

Ein anderer Orden, der den türkischen Islam nachhaltig geprägt hat, ist die Bruderschaft der Naqschbandis. Sie geht auf Baha al-Din Naqschband zurück, der im 14. Jahrhundert im usbekischen Buchara wirkte, und ist heute in Zentralasien, in Indien, in der Türkei und in Europa präsent.[27] Anders als die Mevlevis sind die Naqschbandis strenger an der Scharia ausgerichtet. Ihre Scheichs haben in der Vergangenheit immer wieder betont, dass die mystischen Lehren mit diesem Teil der Orthodoxie konform sein müssten.[28] Der Gelehrte Scheich Hisham Kabbani fasst es folgendermaßen zusammen: Ein Anhänger der Naqschbandis müsse regelmäßig beten, die Lehren des Korans beherzigen und dem Vorbild des Propheten folgen. Er solle aber auch die Präsenz und Liebe Gottes durch persönliche Erfahrungen und die Verbindung zu Gott lebendig im Herzen bewahren.[29] Die Bedeutung der Scheichs, die bereits zu Lebzeiten als Heilige verehrt werden, ist bei den Naqschbandis stark ausgeprägt.[30] Sie sind aufgrund ihrer genealogischen Verbindung zu Mohammed absolute Autoritäten bezüglich aller Fragen der Theologie und der alltäglichen Lebensführung. Im Hinblick auf die «goldene Kette» der fiktiven Abstammung weisen Naqschbandis eine Besonderheit auf. Sie stellen die Verbindung zu Mohammed nicht wie andere sufistische Orden über den vierten Kalifen Ali, sondern über den ersten Kalifen Abu Bakr her.[31] Ali wird im schiitischen Islam als wichtigste heilige Person verehrt, was viele Orden stets in einen gewissen theologischen Gegensatz zum orthodox-sunnitischen Islam gebracht hat. Abu Bakr dagegen ist eine Identifikationsfigur der sunnitischen Orthodoxie bis hin zu seinen radikalen Strömungen, dem Wahhabismus, Salafismus und der Muslimbruderschaft. Die Naqschbandis haben in ihrer Geschichte niemals einen Hehl aus ihrer Schiitenfeindlichkeit gemacht und präsentieren sich durch die Besonderheit der Heiligengenealogie als fest im sunnitischen Islam verwurzelt.

Wie andere sufistische Orden befolgen die Naqschbandis einen spirituellen Weg, der den Einzelnen einerseits zu einem besseren Menschen formen und ihm andererseits eine besondere Gotteserfahrung ermöglichen soll. Naqschbandiyya bedeutet, das *naqsch* gut zu binden. Das *naqsch* aber, so die offizielle Lehrmeinung, sei die Gravur des Namens Gottes im Herzen des Gläubigen.[32] Das Herz steht auch im geistigen Mittelpunkt des *dhikr*, wobei die Naqschbandis zwischen einem «*dhikr* des Herzens» und einem «*dhikr* der Zunge» unterscheiden. Das *dhikr* der Mevlevis ist in dieser Definition eines der Zunge, da sie die Namen Allahs laut aufsagen, das *dhikr* der Naqschbandis ist eines des Herzens. Es handelt sich um ein lautloses Gedenken Gottes, das einer stillen Kontemplation gleicht.[33] Das *dhikr* poliere das Herz, damit es die Liebe Gottes wie ein Spiegel wiedergibt, schreibt Kabbani. Für den Gläubigen sei es in einer solchen Situation möglich, das göttliche Licht wahrzunehmen.[34] Außer spirituell erbaulichen Aspekten glaubt man auch, dass das *dhikr* heilende Wirkungen entfalten oder dem Gläubigen schlicht mehr Energie verleihen könne.[35] Hier ist die Naqschbandiyya zweifellos an moderne esoterische Praktiken anschlussfähig.

Das *dhikr* der Naqschbandis ist eine in einer Gruppe durchgeführte meditative Praxis unter Anleitung eines Scheichs mit sehr genauen Vorgaben, die das Atmen oder besser das Lenken des Atems betreffen.[36] Der angestrebte Zustand des Entrücktseins geht mit dem temporären Verlust des Egos einher. Im *dhikr* möchte man niemand sein, betonen die Mitglieder des Ordens, alle Ambitionen verblassen, man werde bescheiden und dadurch offen für die Gegenwart Gottes. Die Bekämpfung des Egos, dabei besonders der menschlichen Leidenschaften, ist allerdings nicht nur ein Thema während des Gottesgedenkens. Idealerweise soll die gesamte Lebensführung darauf ausgerichtet sein. Dies geschieht in der Naqschbandiyya durch eine konsequente Beachtung der Scharia. Dabei nehmen Naqschbandis nicht nur den Einzelnen, sondern die gesamte Gesellschaft in den Blick. Der Religionswissenschaftler Reza Aslan bezeichnet sie aus diesem Grund als «politisch aktive Pietisten».[37]

Im Osmanischen Reich waren die Naqschbandis ein nicht zu unterschätzender Machtfaktor. Sie beteiligten sich an den militärischen Expansionen in Europa sowie am Kampf der osmanischen Sultane gegen heterodoxe Glaubenspraxen und gegen Schiiten in Anatolien.[38] Am Hofe des Sultans hatten sie beträchtlichen Einfluss und genossen Sonderrechte. Im 19. Jahrhundert, das als das Jahrhundert der Naqschbandis bezeichnet wird,[39] versuchten sie, nicht nur ihre Mitglieder auf eine Nachahmung der Handlungsweisen des Propheten Mohammed zu verpflichten und Privilegien für die Bruderschaft zu erwirken, sondern die herrschende Elite entsprechend ihres Islamverständnisses zu erziehen, damit die Scharia vollumfänglich umgesetzt werden könne.[40] Wie die Mevlevis waren sie vor allem im städtischen Milieu präsent und hatten eine starke Basis bei Händlern, Gebildeten und Notabeln. Ihre Gegner sahen sie besonders in Akteuren, die einen ökonomischen und politischen Wandel auf den Weg brachten. Das Osmanische Reich war zur damaligen Zeit gegenüber dem aufstrebenden christlichen Europa zunehmend ins Hintertreffen geraten und ein Teil seiner Führung verstand, dass Wirtschaft, Politik und Gesellschaft erneuert werden mussten.

Während der Periode der Neuordnungen (*tanzimat*) wurden zwischen 1839 und 1876 Reformen eingeleitet, die die Macht der Bruderschaften empfindlich einschränkten. Sonderrechte von Religionsgemeinschaften wurden zugunsten einer Gleichstellung aller

Bürger abgeschafft und die Privilegien der Orden aufgehoben.[41] Diese Politik setzte sich in den folgenden Regierungen weiter fort. Die Orden wurden einer staatlichen Kontrolle unterworfen und zu diesem Zweck in einem Sufi-Rat zusammengefasst. Einige Bruderschaften wurden gänzlich aufgelöst und ihr Eigentum eingezogen. Ihr Bildungsmonopol ging durch die Gründung staatlicher Schulen verloren, in denen nach einem säkularen Curriculum unterrichtet wurde.[42] Zusätzlich häuften sich Angriffe auf die öffentliche Reputation der Sufis, die in der osmanischen Presse als faul, unhygienisch und abergläubisch dargestellt wurden.

Islamische Orden im laizistischen Staat

Vor diesem Hintergrund muss auch das laizistische Regierungsprogramm Atatürks bei der Gründung der türkischen Republik im Jahr 1923 verstanden werden. Die Republik könne kein Land der Scheichs, Derwische, Religionsschüler und Laienbrüder sein, sagte er in einer Rede. Die wichtigste und authentischste Bruderschaft sei die der Zivilisation.[43] Die Orden, ihre Zeremonien, die Titel und das Tragen der typischen Kleidung wurden verboten, ihr Vermögen konfisziert und die religiösen Liegenschaften in Museen umgewandelt. Die Religion wurde durch ein Amt für religiöse Angelegenheiten kanalisiert und kontrolliert. Anders als viele der sufistischen Orden sollte der mystische Volksdichter Yunus Emre weiterhin hoch im Kurs bleiben und alle politischen Wirren des 20. Jahrhunderts überstehen.

Die Führung der Bruderschaft gab sich nicht mit ihrer Entmachtung zufrieden und zeigte sich entschlossen, der Säkularisierung, die sie als Unterwerfung unter den Westen verstand, den Kampf anzusagen. Die Naqschbandis führten mehrere Rebellionen an, die allesamt vom Militär niedergeschlagen wurden.[44] Einer ihrer prominentesten Scheichs, Mehmed Zahid Kotku (1897–1980), sah schließlich ein, dass Aufstände keinen Erfolg bringen würden und warb dafür, andere Möglichkeiten zu nutzen, um Einfluss im Staate zu behalten oder wiederzugewinnen. Er entwickelte ein Programm der Infiltration der Bürokratie und der Gründung politischer Organisationen.[45] Kotku scharte einen Kreis von Anhängern um sich, aus dem einflussreiche Politiker hervorgingen. Einer von ihnen war Necmettin Erbakan, der *spiritus rector* der «Islamischen Gemeinschaft Millî Görüş», der mehrere Parteien ins Leben rief, um die Politik der Türkei zu reislamisieren.[46] Erbakan ist der Mentor von Recep Tayyip Erdoğan. Aus den Netzwerken der Naqschbandis heraus wurden aber nicht nur politische Organisationen, sondern auch wirtschaftliche Vereinigungen und Unternehmen sowie ein das gesamte Land durchdringendes islamisches Bildungssystem erschaffen.[47]

Der säkulare Nationalismus Atatürks hatte ohnehin keinen langen Bestand. Bereits mit seinem Tod im Jahr 1938 begann ein langsamer Demokratisierungsprozess, der neue islamische Parteien hervorbrachte, die die Politik des Landes nachhaltig veränderten. Ein vorläufiger Höhepunkt ist der Sieg der islamistischen AKP und die Präsidentschaft Erdoğans, die von den Naqschbandis unterstützt werden. Unter Erdoğan ist es zu einer auffälligen Melange zwischen dem orthodoxen Sufismus und radikalen sunnitischen Organisationen gekommen. Sie basiert auf Beziehungen, die von Ordensmitgliedern während der Zeit der Repression bei Auslandsaufenthalten in Kairo, Damaskus und Medina zu Salafisten und Vertretern der orthodox-sunnitischen Muslimbruderschaft geknüpft wurden. In seinem Bestreben, als Führer der islamischen Weltgemeinschaft (*umma*) anerkannt zu werden, verbündete Erdoğan sich immer wieder mit radikal-islamischen Milizen und machte die Türkei nach dem Militärputsch in Ägypten zum neuen Zentrum der Muslimbruderschaft.

Trotz dieser politischen Dimension erlebt der türkische Sufismus zurzeit auch als spirituelle Bewegung eine Renaissance.[48] Sufi-Musik wird immer populärer, folkloristisch-sufistische Tanzperformances werden nachgefragt und die *ney*, die Langflöte, die sowohl in der klassischen osmanischen Musik als auch im sufistischen

Ritual eine wichtige Rolle spielt, erfreut sich zunehmender Beliebtheit.[49] Der Orden der Mevlevis hat sich mittlerweile in Form einer internationalen Mevlana-Stiftung professionalisiert und Unterstützer in aller Welt gewonnen. Im ehemals sakralen und heute staatlich-säkularen Areal in Konya haben Besucher die Möglichkeit, persönliche kleine Rituale durchzuführen. Münzen können in den Brunnen vor dem Mausoleum geworfen werden, und man darf Stoffstücke an Bäume binden, um einem Wunsch Nachdruck zu verleihen. Der Ort, dem im säkularisierten Heiligtum die größte spirituelle Macht zugeschrieben wird, ist das Grab Rumis. Um es zu besuchen, leihen sich Frauen Kopftücher aus, die im Museum bereitliegen. Wenn man bedenkt, dass Atatürk das Tragen des islamischen Schleiers bei Androhung von Strafmaßnahmen untersagt hatte, ist dies umso bemerkenswerter. Seit 1952 werden sogar öffentliche sufistische Aufführungen erlaubt, bei denen nicht selten hohe Politiker anwesend sind.[50]

Anlässlich des achthundertsten Geburtstags Rumis erklärte die UNESCO 2007 zum Jahr des «großen Poeten, Philosophen und Gelehrten der islamischen Zivilisation».[51] Musik und Tanz der Mevlevis gehören zum Weltkulturerbe, und viele Musiker werden an Konservatorien ausgebildet. In Istanbul wurde das älteste Mevlevi-Zentrum der Stadt restauriert. Sema-Zeremonien mit drehenden Derwischen sind dort eine Touristenattraktion. Es scheint, als ob Kommerzialisierung und Professionalisierung letztendlich zu einer zweiten Säkularisierung führen, die möglicherweise tiefgreifender sein wird, als die staatlich aufgezwungene Laizität der Vergangenheit. Doch auch eine andere Entwicklung ist bemerkenswert: Künstler und Intellektuelle, darunter viele Frauen, entdecken auf der Suche nach einer individuellen Spiritualität zunehmend Rumi und Yunus Emre neu.

Die Naqschbandis erleben ihre Renaissance nicht nur in der Türkei, sondern auch in westlichen Ländern. Dabei verändern sie sich und nehmen Elemente anderer Orden auf. Der in Zypern geborene Scheich Nazim al-Haqqani (1922–2014), der mehrere Jahre in England wirkte, übernahm das *dhikr* der Zunge und gestattete sogar vereinzelt Drehtänze der Mevlevis.[52] Auf fruchtbaren Boden fiel auch die von ihm geäußerte Überzeugung, dass der Islam und die Welt sich in einer Krise befänden, die dadurch geheilt werden könne, dass ein purifizierter Islam im Westen wiedererstehe.[53] Angesichts solcher Zukunftsperspektiven sind viele junge Europäerinnen offensichtlich bereit, auch patriarchalische Vorstellungen des Scheichs zu akzeptieren, denen zufolge eine gläubige Muslimin ihrem Gatten Gehorsam schulde und sich mit dem ihr von Gott zugewiesenen Platz im Haus bei den Kindern begnügen sollte.[54]

2. BALKAN

Wein und Käse im Gedenken an Ali

Bei Visionen eines moderaten europäischen Islams werden stets die ehemals vom Osmanischen Reich unterworfenen Gebiete auf dem Balkan erwähnt. Hier hat sich, nicht zuletzt unter dem Einfluss synkretistisch-islamischer Orden, ein Islam herausgebildet, der theologisch und in der Glaubenspraxis Besonderheiten aufweist. Seine integrative Kraft wird jedoch durch den Säkularismus und eine erstarkende Orthodoxie gleichermaßen herausgefordert. Eines seiner Zentren ist Priština im Kosovo.

Bruderschaften jenseits der Orthodoxie

Die Geschichte des Islams auf dem Balkan beginnt vergleichsweise spät, nämlich erst, nachdem der Süden Italiens und der überwiegende Teil der Iberischen Halbinsel, die bereits im 8. Jahrhundert von muslimischen Heeren besetzt wurden, im Spätmittelalter von christlichen Armeen zurückerobert worden waren. Sie ist eine Folge der Expansionen des Osmanischen Reiches, das zur Zeit seiner größten Ausdehnung bis kurz vor die Tore Wiens reichte. Heute sind Muslime in den meisten Balkanländern nur noch kleine Minderheiten. Ausnahmen stellen Bosnien-Herzegowina, der Kosovo und Albanien dar. Wenn im Folgenden von einem gegenwärtigen genuin europäischen Islam gesprochen wird, sind daher diese Länder gemeint.

Zwischen dem 6. und dem 10. Jahrhundert wurde die Region zunächst christlich, das heißt einerseits lateinisch-katholisch, andererseits byzantinisch-orthodox missioniert.[1] Im 14. Jahrhundert drangen erstmals osmanische Armeen auf den Balkan vor. Diese Eroberungen stießen teilweise auf erbitterte Gegenwehr. Dort, wo die Osmanen militärisch siegten, konvertierte ein Teil des Adels, um am System der osmanischen Landverteilung zu partizipieren und politischen Einfluss innerhalb der neuen Ordnung zu gewinnen. Christen war beides verwehrt, und sie konnten auch nicht in den Staatsdienst gelangen. Ein anderer Grund für Konversionen war eine besondere Kopfsteuer, die nur Nichtmuslimen auferlegt wurde.[2] Die Übertritte zum Islam waren daher in vielen Fällen strategische Handlungen, um das Beste aus der Situation zu machen. Dass sie nachhaltig gewesen waren, bezweifeln viele Wissenschaftler. Vor allem in ländlichen Gebieten habe sich ein «Kryptochristentum» herausgebildet, in dem strikt zwischen einem Innen- und einem Außenraum unterschieden wurde. Im Albanischen wurde dies mit dem Begriff *laramane* bezeichnet, was als bunt, gescheckt und doppelgesichtig übersetzt werden kann.[3] Konkret bedeutete dies, dass man im Privaten an christlichen Gepflogenheiten und dem christlichen Namen festhielt, sich in der Öffentlichkeit jedoch als pflichtbewusster Muslim ausgab.[4] Parallel dazu wurden hybride Formen religiöser Praxis kultiviert. Vor allem im Bereich der Volksfrömmigkeit ließ sich vielerorts eine Kombination islamischer und christlicher Elemente beobachten. Man heiratete untereinander, feierte die Feste der jeweils anderen und suchte die gleichen Wallfahrtsorte auf. Die Historikerin Eva Frantz erwähnt eine Kirche im südöstlichen Kosovo, die von kroatischen und albanischen Katholiken, muslimischen Roma und Albanern sowie von christlich-orthodoxen Serben aufgesucht wurde.[5] Der Historiker Oliver Jens Schmitt weist darauf hin, dass es zu «Übernahmen» christlicher Heiligtümer durch Muslime kam.[6]

An den osmanischen Eroberungen waren Mitglieder sufistischer Orden beteiligt, die ebenfalls synkretistische Züge aufwiesen. Einer dieser Orden war die Bruderschaft der Bektaschi, die im 14. Jahrhundert in Anatolien entstand. Ihre Mitglieder begleiteten die Elitearmee der Janitscharen als Seelsorger.[7] Der Islam der Bektaschis

Der albanische Bektaschi-Geistliche Hajji Baba Edmond Brahimaj
hält eine Rede anlässlich der Newroz-Feierlichkeiten in Tirana,
Albanien, 22. März 2015.

beinhaltet wesentliche Merkmale des Schiitentums. Sie verehren
Mohammeds Schwiegersohn Ali und betrauern den Tod seines En-
kels Hussein, der im Jahr 680 in Kerbela getötet wurde, alljährlich
im schiitischen Trauermonat Muharram. Doch sie integrieren auch
Elemente der persischen und indischen Mystik, der Gnosis und
Kabbala, vorislamische schamanistische und christliche Riten.[8] Auf

dem Balkan sollen sie anlässlich der Aufnahme neuer Mitglieder Wein, Brot und Käse serviert haben.[9] Ähnlich wie Christen praktizierten sie die Beichte bei einem Geistlichen und erhielten anschließend Vergebung der Sünden. Anders als im orthodoxen Islam konnten Frauen gemeinsam mit den Männern an allen Ritualen teilnehmen. Bektaschis feierten nicht nur orthodoxe muslimische Feste, sondern auch das persische Newruz zur Jahreswende und einige Bräuche, die mit christlichen Heiligen in Zusammenhang stehen.[10] Viele Regeln der sunnitischen Orthodoxie lehnten sie ab. Frauen mussten sich nicht verschleiern, die fünf täglichen Pflichtgebete wurden auf zwei reduziert, während des Ramadans wurde nur an zehn Tagen gefastet, und Wasser zu trinken war durchgehend erlaubt. Die Ordenshäuser der Bektaschis boten Rückzugsräume für Meditation und Gebete, Versammlungshallen, Hospitäler und Apartments für Familien. Seit dem 17. Jahrhundert wurden auch Kaffeezimmer populär.[11] Kein muslimischer Geistlicher hat die Vorstellung der Bektaschis vom Islam stärker geprägt als der bereits erwähnte Ibn al-Arabi, der sich in besonderer Weise auf Platon bezog. Die Welt als Ganzes, so glauben die Bektaschis wie Ibn-Arabi, sei eine Manifestation Gottes und habe daher am Göttlichen teil.[12]

Ein anderer Orden, der auf dem Balkan bedeutsam wurde, ist die Rifai-Bruderschaft, die auf den irakischen Rechtsgelehrten Ahmad Ibn Ali al-Rifai (1106–1182) zurückgeht. Ihre Anhänger wurden durch asketische Praktiken bekannt, bei denen sie sich Lippen und Wangen mit Nadeln durchstechen, Glas essen oder die Haut versengen.[13] Diese Handlungen, bei denen weder Blut fließen soll noch Schmerz empfunden wird, erfolgen in einer Trance, die durch das wiederholte gemeinschaftliche Rufen der Namen Gottes herbeigeführt wird. Begleitet vom Trommeln und Klangbecken bewegen die Rifai rhythmisch ihre Oberkörper und geraten immer mehr in einen ekstatischen Zustand.[14] Mit den extremen Handlungen wird der Sieg des Geistes über den Körper demonstriert und der Besitz einer außergewöhnlichen Macht beansprucht. In Erzählungen wurden diese Eigenschaften in der Vergangenheit weiter ausgeschmückt und man behauptete, Rifai könnten auf Löwen reiten oder Schlangen beschwören.[15] Wie die Bektaschi tranken sie Alkohol und sahen muslimische Fastenregeln nicht als bindend an. Sie verehrten Jesus und die Jungfrau Maria wie islamische Heilige und hielten die christliche Fastenzeit für ebenso wichtig wie die muslimische.[16]

Auch im Hinblick auf das Recht herrschte im Osmanischen Reich ein weitgehendes Nebeneinander von christlichen und muslimischen Regularien und Ordnungsvorstellungen. Gemeinhin galt zwar die Scharia, jedoch mit erheblichen Einschränkungen. Jeder Religionsgemeinschaft (*millet*) wurde eine gewisse Form innerer Autonomie zugestanden. Sie konnten ihre Vertreter selbst wählen, ihre kultischen Angelegenheiten eigenständig organisieren und familienrechtliche Belange nach eigenen Rechtsnormen regeln, wenn keine Muslime involviert waren.[17] Diese Eigenständigkeit stand unter dem Vorbehalt, dass sie nicht mit den Interessen des Staates kollidierte oder die Suprematie des Islams in Frage stellte. Mit einer allgemeinen Gleichstellung von Christen und Muslimen sollte das osmanische Rechtssystem ohnehin nicht verwechselt werden. Nichtmuslimen wurde nämlich der Status sogenannter «Schutzbefohlener» (*dhimmi*) zugewiesen, der zwar bestimmte Rechte beinhaltete, gleichzeitig aber eine institutionalisierte Benachteiligung darstellte. Christen mussten nicht nur die erwähnte Sondersteuer zahlen, sondern auch Genehmigungen einholen, wenn sie Kirchen bauen wollten, und benötigten muslimische Zeugen, wenn sie eine gerichtliche Aussage machten. Ihr Leben wurde zudem durch Frondienste erschwert, die auf den Feldern muslimischer Pächter oder für osmanische Behörden beispielsweise bei öffentlichen Bauvorhaben geleistet werden mussten. Immer wieder kam es zu Aufständen, die blutig niedergeschlagen wurden, immer wieder zu kommunalen Gewaltausbrüchen, in einigen Fällen aber auch zur Zusammenarbeit von Christen und Muslimen, die sich gemeinsam gegen staatliche Willkür zur Wehr setzten.[18]

Die Macht der Tradition

Das Nebeneinander verschiedener Kulturen im Osmanischen Reich war auch eine Folge der Anerkennung tradierter Sitten (*adat*), die für die Bevölkerung vielerorts weitaus wichtiger waren als die Religionszugehörigkeit eines Menschen.[19] In abgelegenen Bergregionen gab vor allem das Gewohnheitsrecht (*urf*) den Handlungsrahmen für den Einzelnen vor und definierte die Grenzen des Erlaubten und Verbotenen. Die Traditionen der Albaner beinhalteten beispielsweise Gastfreundschaft und die Pflicht, Verfolgten beizustehen, was noch im 20. Jahrhundert während des Nationalsozialismus Tausenden von Juden das Leben rettete. Die Bergbewohner gehörten verwandtschaftlich organisierten Gruppen an, die durch Heiratsallianzen miteinander verbunden waren.[20] Von den Mitgliedern dieser Verwandtschaftsverbände wurde eine unbedingte Unterwerfung unter normative Regularien gefordert und es herrschte ein strikter Ehrkodex. Probleme wurden nicht selten gewaltsam ausgetragen, da Aggressivität, Impulsivität und Kompromisslosigkeit als positive männliche Eigenschaften honoriert wurden. Empfundene Ehrverletzungen, Eigentumskonflikte oder Streitigkeiten auf Festen endeten nicht selten in tätlichen Auseinandersetzungen.[21] Kam dabei jemand zu Tode, dann gebot das Gesetz der Blutrache, eine männliche Person aus der Gruppe des Täters zu töten. Eine Spirale der Gewalt wurde in Gang gesetzt, und manche Fehden zogen sich über Jahrzehnte hin.[22] Schätzungen zufolge sollen bis ins 20. Jahrhundert hinein 30 Prozent der männlichen Bevölkerung Albaniens bei Blutfehden ihr Leben verloren haben.[23] Andere Quellen schreiben sogar, dass die Mehrheit aller Todesfälle unter Männern darauf zurückzuführen sei.[24] Die osmanische Obrigkeit und alle nachfolgenden Regierungen versuchten, dieses Brauchtum zu ändern, indem sie beispielsweise Blutgeldzahlungen einführten oder das Tragen von Waffen verboten. Der Islamwissenschaftler Maurus Reinkowski, der das Gewohnheitsrecht im Kosovo untersucht hat, kommt allerdings zu dem Schluss, dass alle Versuche scheiterten.[25]

Die Sicherheit einer Familie hing im albanischen Ehrsystem essentiell von der Anzahl der Männer ab, die sie zu ihrer Verteidigung aufbieten konnte. Aus diesem Grund, aber auch wegen des patrilinearen Erbrechts, das ausschließlich männliche Nachkommen berücksichtigte, wurden in einigen Familien Mädchen als Jungen erzogen. Sie erhielten einen männlichen Namen, erlernten männliche Tätigkeiten und eigneten sich einen maskulinen Habitus an. Dazu gehörten Rauchen, Trinkfestigkeit und Unerschrockenheit im Angesicht eines potentiellen Gegners. Es war ihnen untersagt zu heiraten, weshalb man sie «geschworene Jungfrauen» (*tobelija* oder *burnescha*) nannte. Sie waren für alle Arbeiten zuständig, die Männern zugeordnet wurden, pflügten die Äcker, hackten Holz und gingen auf die Jagd. Außerdem übernahmen sie die Position des Familienoberhauptes. Dieser Geschlechtsrollenwechsel war vom religiösen Kontext unabhängig und kam in christlichen und muslimischen Familien vor. Aufgrund der durch die Moderne veränderten Geschlechterverhältnisse gehört dieses Phänomen heute weitgehend der Vergangenheit an.[26]

Der albanische Männlichkeitskult spiegelte sich auch in der Durchführung religiöser Zeremonien wider. So war es beispielsweise Brauch, bei Hochzeiten und Geburten sowie bei christlichen und muslimischen Feiertagen in die Luft zu schießen. In Prizren im Kosovo sollen muslimische Männer noch in spätosmanischer Zeit sowohl anlässlich des muslimischen Bairam-Festes als auch anlässlich des christlichen Feiertags des Heiligen Georg Ringkämpfe veranstaltet haben. Die Bevölkerung habe bei dieser Gelegenheit zu Roma-Musik getanzt und türkische Lieder gesungen, heißt es.[27] Darin mag sich eine gewisse Nonchalance gegenüber religiöser Normativität ausgedrückt haben, vielleicht verdeutlichen solche Beispiele von Hybridität aber vor allem, dass Islam und Christentum die Seele des Volkes nur unvollständig erreicht hatten. Dafür würde der Umstand sprechen, dass die Vorstellungswelt der ländlichen Bevölkerung weiterhin von naturreligiösem Brauchtum geprägt war. Man glaubte an Vampire und Feen, an Kinderblut trinkende Hexen und allerlei Geistwesen sowie an weiße und schwarze Magie. Gegen Flüche, Verwünschungen und andere Manifestationen des Bösen sollten Amulette helfen, die häufig aus Papieren bestanden, die entweder einen Bibelspruch oder einen Koranvers enthielten.[28] In diesen Kontext gehört auch der Glaube an magische Orte, die von Muslimen und Christen gleichermaßen aufgesucht wurden. Für die Alltagsmagie waren häufig die Frauen zuständig. Sie kannten Beschwörungsformeln gegen den «bösen Blick» und verstanden sich auf die Wahrsagekunst. Um die Zukunft zu deuten, schauten sie ins Wasser oder in den Kaffeesatz.[29] Je abgelegener die Regionen waren, desto beharrlicher erwiesen sich die althergebrachten Sitten. Dazu gehörten im Alltag das Brennen von Schnaps und das Essen von Schweinefleisch – auch bei Muslimen.[30] Schmitt betont, dass die Bergwelten des Balkans für die Osmanen stets feindliches Territorium blieben und diese schließlich einsahen, dass die Etablierung einer umfänglichen Herrschaft nicht gelingen konnte.[31]

Säkularisierung und ethno-religiöse Konflikte

Im 19. Jahrhundert begann das Osmanische Reich zu zerfallen, und 1878 wurde Bosnien-Herzegowina auf dem Berliner Kongress unter habsburgische Verwaltung gestellt. 1908 erfolgte die formale Annexion, die einen Prozess der Europäisierung auslöste.[32] Ende des 19. Jahrhunderts bestand die Bevölkerung zu 42,87 Prozent aus orthodoxen Christen, zu 38,73 Prozent aus Muslimen und zu 18,08 Prozent aus Katholiken.[33] Muslimische Organisationen erhielten 1912 durch ein Islamgesetz den Status einer Körperschaft des öffentlichen Rechts und eine weitgehende Selbstverwaltung. An Schulen wurde islamischer Religionsunterricht erteilt, und in der Armee wurden muslimische Seelsorger und Militärimame bestellt.[34] In Bosnien wurde 1892 ein Großmufti, ein Rais al-Ulama, und ein ihn beratendes Gremium eingesetzt und der Islam gewissermaßen verkirchlicht.[35] Die sufistischen Orden waren an dieser staatlichen Institutionalisierung des Islams nicht beteiligt. Das osmanische

Rechtssystem blieb in Grundzügen erhalten, und nach wie vor konnten Familienangelegenheiten nach islamischem Recht vor Scharia-Gerichten verhandelt werden. Allerdings wurden die Richter vom Staat eingesetzt und erhielten eine moderne juristische Ausbildung.

Nach dem Zweiten Weltkrieg wurde im November 1945 die Föderative Volksrepublik Jugoslawien unter Führung der Kommunistischen Partei ausgerufen und der ehemalige Partisanenführer Josip Broz Tito zum Ministerpräsidenten ernannt. Die Föderation umfasste die heute unabhängigen Staaten Bosnien und Herzegowina, Slowenien, Kroatien, Serbien, Montenegro, Mazedonien und den mehrheitlich von Albanern bewohnten Kosovo. Der Kosovo war während des Ersten Balkankriegs im Jahr 1912 von Serbien erobert worden und wurde gegen den Wunsch der albanischen Bevölkerung, die eine Vereinigung mit Albanien forderte, Jugoslawien zugeteilt. Ein umfassender Säkularisierungsprozess setzte ein, der zur Trennung von Staat und religiösen Institutionen, zur Auflösung der islamischen Stiftungen und Schulen und zur Beschlagnahmung ihrer Besitztümer führte. Er bedeutete auch das Ende für die Scharia-Gerichte und die Möglichkeit, familienrechtliche Angelegenheiten nach islamischem Recht zu regeln. Frauen wurden mit Männern juristisch gleichgestellt. Dies kam einer sozialen Revolution gleich, da die Geschlechterordnung in extremer Weise patriarchalisch verfasst war. Muslimische Frauen besaßen einen denkbar niedrigen Bildungsstand und waren im öffentlichen Leben nahezu unsichtbar.[36] Ein weiterer Ausdruck ihrer Benachteiligung war die Ganzkörperverhüllung einschließlich eines Gesichtsschleiers, die in ländlichen Gebieten üblich war.[37] Diese Art der Verhüllung wurde nun staatlich untersagt. Der Regierung ging es bei ihrem Säkularisierungsprogramm allerdings nicht um ein vollständiges Religionsverbot, sondern eher um Überwachung und Anbindung der religiösen Gemeinschaften an den Staat. Aus diesem Grund wurden die weniger gut kontrollierbaren sufistischen Orden aufgelöst, doch konnte die 1909 gegründete «Islamische Glaubensgemeinschaft», eine hierarchisch organisierte Repräsentanz der orthodoxen Muslime, ihre Position ausbauen.[38]

Die 1944 gegründete Sozialistische Volksrepublik Albanien schlug einen anderen Weg ein. Die Macht im Staate hatte die kommunistische «Partei der Arbeit», der von 1944 bis 1985 Enver Hoxha als Generalsekretär vorstand. Hoxha, der in einer muslimischen Familie aufgewachsen war, die dem Bektaschi-Orden nahestand, verkündete im November 1967, dass «die Jugend Albaniens unter Führung der Kommunistischen Partei und ihres Vorsitzenden» den ersten atheistischen Staat der Welt erschaffen habe.[39] Anders als in Jugoslawien wurden alle Religionen verboten, Kirchen und Moscheen geschlossen, zweckentfremdet oder abgerissen, religiöse Führer ihrer Ämter enthoben und verhaftet. Gern zitierte Hoxha den Nationalisten Vasa Pascha, der gesagt hatte, der Glaube der Albaner sei das Albanertum.[40]

Im ausgehenden 20. Jahrhundert waren die großen sozialistischen und kommunistischen Systeme weltweit gescheitert, und reformorientierte Politiker kamen an die Macht. In China begann Deng Xiaoping nach dem Tode Mao Tse-tungs im Jahr 1976 mit einem vorsichtigen Reformkurs. In der Sowjetunion fiel diese Rolle Michael Gorbatschow zu, der von 1985 bis 1991 Generalsekretär des Zentralkomitees der Kommunistischen Partei war. Josip Broz Tito starb 1980 und Enver Hoxha 1985. Der Weg für umfassende Änderungen der politischen Systeme war frei. Für den Vielvölkerstaat Jugoslawien führte das entstandene Machtvakuum zunächst nicht zu Demokratie und Freiheit, sondern zu Krieg und Zerstörung. Der Sozialismus, der eine Einbindung der unterschiedlichen Bevölkerungsgruppen sichergestellt hatte, wurde durch trennende ethnonationalistische und religiöse Ideologien ersetzt. Serbische Politiker betonten ihre christlich-orthodoxe Identität, kroatische den Katholizismus, und die Muslime orientierten sich an der weltweiten *umma*. Allerorten wurden Gebietsansprüche und Unabhängigkeitsforderungen formuliert. Stets ging es dabei um ethnische und religiöse Homogenität. Um diese Ziele auch mit Gewalt durchzusetzen, wurden Milizen aufgestellt. Es kam zu «ethnischen Säuberungen» und zu Massakern an der Zivilbevölkerung. Traurige Bekanntheit erlangte die Stadt Srebrenica, in der 1995 etwa 8000 muslimische Männer und Jungen von serbischen Milizionären zusammengetrieben und ermordet wurden. Das Massaker in der UN-Schutzzone war Auslöser einer NATO-Offensive, die im Dezember 1995 zum Vertrag von Dayton führte. Bosnien und Herzegowina ist heute ein unabhängiger Staat, der aus der überwiegend von Serben bewohnten Teilrepublik Srpska und der bosnisch-kroatischen Föderation besteht. Etwa die Hälfte der Einwohner ist muslimischen Glaubens, 30 Prozent sind christlich-orthodoxe Serben und etwa 15 Prozent katholische Kroaten. Nach langen kriegerischen Auseinandersetzungen zwischen serbischen und albanischen Gewaltakteuren wurde im Jahr 2008 auch die Republik Kosovo unabhängig. 96 Prozent aller Einwohner sind Muslime, und 15 Prozent von ihnen werden sufistischen Bruderschaften zugerechnet. In Albanien wurde 1990 das Religionsverbot aufgehoben. Religiöse Zugehörigkeiten haben sich hier weitgehend erhalten, auch wenn ihnen meist keine religiösen Überzeugungen mehr entsprechen. 70 Prozent der Bewohner sind formal Muslime, wobei ein Fünftel Mitglieder sufistischer Orden sein sollen. 30 Prozent gehören entweder dem christlich-orthodoxen oder dem römisch-katholischen Glauben an. Die Zahlen sind allerdings nur ungefähre Schätzungen und berücksichtigen nicht diejenigen, die sich als Atheisten oder Agnostiker verstehen.

Erinnerungskulturen

Die Traumata der Kriege und Menschenrechtsverletzungen, die das 20. Jahrhundert durchzogen haben, wiegen noch immer schwer, und die ethnischen und religiösen Spannungen in der Region bestehen bis heute weiter. Das liegt nicht zuletzt an einer bestimmten Form von Erinnerungspolitik, bei der Gruppenidentitäten bis in die Frühzeit des Osmanischen Reiches zurückgeführt werden. Der wohl bekannteste ethnonationalistische Mythos ist die legendäre Schlacht auf dem Amselfeld (*kosovo polje*) von 1389.[41] Der Kosovo gehörte damals zum serbischen Reich und wurde infolge dieser Schlacht von osmanischen Truppen erobert. Die christliche Armee führte der serbische Fürst Lazar Hrebeljanović an, auf der osmanischen Seite stand Sultan Murad I. Beide kamen in der Schlacht zu Tode. Fürst Lazar wurde 1390 als Märtyrer heiliggesprochen. Die Schlacht gilt in der serbischen nationalen Überlieferung als «serbisches Golgatha».[42] Im 19. Jahrhundert wurde die populäre Legende zum wichtigsten Symbol des serbischen Nationalismus und zur Legitimation einer Politik, die die Rückeroberung des einst serbischen Gebiets von den Nachfahren der Osmanen zum Ziel hatte. Im 20. Jahrhundert wurde das historische Schlachtfeld zu einem Ort nationalistischer Aufmärsche. Am fünfhundertsten Jahrestag 1989 sprach Slobodan Milošević dort auf einer Massenkundgebung, zu der Hunderttausende Serben angereist waren. Die Rede befeuerte serbische Ansprüche auf den Kosovo und richtete sich gezielt gegen die kosovarischen Albaner, die die überwiegende Mehrheit der Einwohner stellten.

Für Albanien und die Albaner des Kosovo ist dagegen ein anderer Mythos zentral, der einst ebenfalls als christliche Heldengeschichte begann. Im Mittelpunkt steht der albanische Fürst Georg Kastriota (1405–1468), der von den Osmanen Skanderbeg genannt wurde. Er war ein Opfer der sogenannten «Knabenlese», bei der christliche Jungen von den Osmanen verschleppt, islamisiert, indoktriniert und für gehobene Dienste in Militär und Verwaltung ausgebildet wurden. Die Elitetruppe der Janitscharen setzte sich überwiegend aus diesen Sklaven zusammen, die ganz dem Herrscher verpflichtet sein sollten. Auch Kastriota war zwangsrekrutiert und zur Konversion gezwungen worden und hatte sich in der Armee des Sultans einen Namen gemacht. Als er bei einem Einsatz in der ehemaligen Heimat erfuhr, dass der Sultan seinen Vater ermordet hatte, verließ er mit 300 getreuen Albanern das osmanische Heer und wechselte die Seiten. Er konvertierte zurück zum Katholizismus, eroberte die Festung Kruja und ersetzte die osmanische Flagge durch die der Kastrioti, die einen doppelköpfigen schwarzen Adler auf rotem Grund zeigt. Fünfundzwanzig Jahre lang hielt er den Vormarsch der osmanischen Truppen auf. Das Wappen der Kastrioti ist heute das Staatswappen Albaniens und das Wappen der «Befreiungsarmee des Kosovo» (UCK), die in den 1990er Jahren Anschläge auf serbische Einrichtungen durchführte. Das Interessante an der Erzählung von Skanderbeg ist nun, dass sie als katholische Widerstandserzählung begann, von Muslimen angeeignet und im 20. Jahrhundert in Albanien zu einem religionsübergreifenden beziehungsweise religionsentleerten Symbol kollektiver Identität wurde.

Die Festung Kruja ist seit dem 16. Jahrhundert ein sufistischer Wallfahrtsort. Ein Mitglied des Bektaschi-Ordens, Naim Frashëri, gehörte zu denjenigen, die Skanderbeg im modernen Albanien bekannt machten. Für ihn war der Fürst eine nationale Ikone ohne nennenswerte religiöse Eigenschaften. Im 20. Jahrhundert diente der Skanderbeg-Mythos vielen Herren: Der albanische König Ahmet Zogu I. (1928–1939) gab sich als Nachfahre des berühmten Feldherrn aus, italienische Faschisten beriefen sich während der Okkupation Albaniens (1939–1943) auf ihn, und die Nationalsozialisten, die den Kosovo von 1943–1944 besetzt hatten, benannten eine muslimische SS-Division nach dem Volkshelden.[43] Während der kommunistischen Herrschaft Enver Hoxhas wurde Skanderbeg als Sozialrevolutionär und Partisanengeneral gefeiert und im Jahr 1968 erklärte man ihn anlässlich einer Feier seines fünfhundertsten Todestags zur zentralen Figur einer kommunistischen Zivilreligion.[44]

Während also die serbische Erinnerungserzählung in dem Teil Südosteuropas, der besonders stark von Muslimen bewohnt wird, das Trennende der Religionen und die eigene christliche Überlegenheit betont, macht der albanische nationale Mythos ein religionsübergreifendes Identifikationsangebot. Wieder anders sieht es in Bosnien-Herzegowina aus. Anstelle eines gloriosen Mythos finden wir lediglich Zeugnisse einer tiefgreifenden Spaltung, die im frühen 20. Jahrhundert begann. Ein Teil der muslimischen Intellektuellen verfolgte in den 1920er Jahren einen pro-kemalistischen Kurs, war säkular orientiert und strebte den Anschluss an den Westen an.[45] Ein anderer Teil griff Ideen pan-islamistischer ägyptischer Denker und der 1928 gegründeten Muslimbruderschaft auf. Dazu gehörte eine 1941 in Bosnien gegründete «Vereinigung der Jungmuslime», die 1946 verboten wurde. Ihre Ideen überdauerten das sozialistische Jugoslawien und wurden Ende des 20. Jahrhunderts von Alija Izetbegović aufgegriffen, der 1990 zum ersten Präsidenten des Staates Bosnien und Herzegowina gewählt wurde. In seinen Schriften spricht er sich gegen ein westliches Gesellschaftsmodell und für die Besinnung auf islamische Werte und Traditionen aus.[46]

In diesem Geiste agiert auch Mustafa Cerić, der von 1993 bis 2012 die Position des bosnischen Großmuftis innehatte. Cerić ist eine machtbewusste und außerordentlich schillernde Persönlichkeit. Er ist immer wieder mit Ideen zu einer Vereinigung der europäischen Muslime an die Öffentlichkeit getreten. In den Medien wurde gemutmaßt, dass er sich selbst in der Führungsposition eines solchen Zusammenschlusses sah.[47] In Interviews wettert er gegen Salafisten und Sufis, bekennt sich einerseits zur Demokratie und andererseits zur islamischen Orthodoxie. Einen Skandal löste ein Artikel in der konservativen Zeitschrift *European View* aus, in dem er 2010 die Verpflichtung aller Muslime auf die Scharia als nicht verhandelbar bezeichnete.[48] Sein Nachfolger als Rais al-Ulama ist Husein Kavazović, der den Kurs der rhetorischen Unbestimmtheit fortzuführen scheint. Die Bibliothek am Sitz des Muftis wurde von Katar finanziert, ein Vertrag mit der in Saudi-Arabien ansässigen Islamischen Weltliga wurde unterzeichnet, doch gleichzeitig gab Kavazović gegenüber der *Neuen Züricher Zeitung* an, dass ihn der Einfluss der Golfstaaten mit Sorge erfülle.[49] Letzterer ist in der Tat unübersehbar. Dafür steht sinnfällig die im Jahr 2000 eröffnete König-Fahd-Moschee in Sarajewo, die das größte muslimische Gotteshaus auf dem Balkan ist. Sie wurde vollständig mit Petro-Dollars erbaut und gehört zu den Orten, an denen religiöse Hardliner predigen.

Doch es sind nicht nur arabische Financiers, die Bosnien als Be-
tätigungsfeld entdeckt haben. Enge Beziehungen bestehen nach wie
vor zur Türkei und zu Präsident Erdoğan, der diesen Umstand zu
nutzen weiß. Schon Izetbegović hatte aus diesbezüglichen Affini-
täten nie einen Hehl gemacht. Beide scheinen sich an einem ideali-
sierten Osmanischen Reich zu orientieren. Dazu gehört die Behauptung, die bosnischen Christen hätten, anders als die Serben,
gar nichts gegen die osmanische Herrschaft einzuwenden gehabt.
Den osmanischen Sultan Mehmed II. hätten sie im Jahr 1463 mit
Blumen empfangen. Sie seien nämlich sogenannte Bogomilen gewesen, Anhänger einer Bewegung, die von Rom als häretisch verurteilt wurde und in ihren Grundkonzepten dem Islam sehr nahe
gewesen sei. Der Übertritt zum Islam, so die Behauptung, sei freiwillig erfolgt, eine erzwungene Islamisierung habe niemals stattge-
funden.[50]

Wie die bosnischen Muslime zur Idee eines säkularen Staates
stehen, ist unklar, weil sich die wichtigsten Führungspersonen widersprüchlich äußern. Während Cerić und Kavazović den Islam
als identitätsstiftend verstehen und die Handlungsspielräume für
fromme Muslime ausdehnen möchten, votiert der Rechtshistoriker
Fikret Karčić von der Universität Sarajewo, der dem Präsidium der
«Islamischen Glaubensgemeinschaft» angehört, für eine klare Trennung von Religion und Staat. In einem säkularen Staat sei Religion
eine Privatangelegenheit seiner Bürger und könne weder Einfluss
auf die Politik noch auf das Recht beanspruchen.[51]

Dass sich nicht alle in Bosnien als Muslime registrierten Bürger
wirklich als solche verstehen, zeigt eine Debatte aus dem Jahr 1993,
die dazu führte, dass der neutrale Begriff «Bosniaken» anstelle des
Begriffs «Muslime im nationalen Sinne» in der Verfassung verankert wurde.[52] Um muslimische Sonderrechte und religiöse Symbole
im öffentlichen Raum wird erbittert gestritten, unter anderem um
das Kopftuch. 2016 bestätigte der Hohe Gerichts- und Anwaltschafts-
rat Bosnien-Herzegowinas ein Verschleierungsverbot für Führungs-
kräfte in der Justiz.

Im Kosovo und in Albanien ist die Spaltung zwischen Säkularis-
ten und orthodoxen Muslimen ebenfalls evident. Bestrebungen der
Türkei und der Golfstaaten, ihren Einfluss mit finanziellen Mitteln
auszudehnen, fallen auf fruchtbaren Boden. Der Kosovo steht auf
Platz zwei, Albanien auf Platz fünf und Bosnien und Herzegowina
auf Platz sechs der europäischen Länder mit dem niedrigsten Brutto-
inlandsprodukt.[53] Allerdings haben die Jahrzehnte des Atheismus
in Albanien stärkere Spuren hinterlassen als der gemäßigte Sozialismus in den ehemaligen jugoslawischen Regionen. Die meisten
Muslime seien in Wirklichkeit Heiden, klagte ein albanischer Bek-
taschi-Mufti gegenüber der Historikerin Nathalie Clayer. Es würde
großer Anstrengungen bedürfen, sie zurück zum Glauben zu bewegen.[54] Eine Revitalisierung des Islams scheint vor allem dem orthodoxen Islam zu nutzen, meint Clayer, da die neuen Financiers dem
Sufismus fern stünden. Einige sufistische Führer suchten deshalb
verstärkt Gemeinsamkeiten mit orthodoxen Organisationen her-
auszustellen. In diesem Kontext passt auch die Hierarchisierung und
Internationalisierung des Ordens. Diese Neuorientierung, so Clayer,
stoße auf lokaler Ebene jedoch nicht immer auf Zustimmung.[55]

Sufistische Bruderschaften haben die jahrzehntelangen Phasen
der Repression und die Wirren der Kriege und politischen Umbrü-
che in Bosnien, im Kosovo und in Albanien überstanden. Sie haben
sich reorganisiert und praktizieren ihren Glauben im gewohnten
Stil.[56] Doch in Öffentlichkeit und Politik sind sie viel weniger sichtbar als die Vertreter der Orthodoxie, die aufgrund ihrer zentrali-
sierten Strukturen weitaus effizienter agieren können als die auf Innerlichkeit und Mystik bedachten Orden.

3. SENEGAL

Arbeit als Gottesdienst

Die senegalesische Metropole Touba wird «Baum in der Mitte des Paradieses» genannt. Dort werden weniger Steuern als im Rest des Landes gezahlt und es gibt keine Polizisten. Stattdessen kontrollieren Religionswächter, ob die Bevölkerung die Gesetze des Islams einhält. Diese werden allerdings in denkbar eigenwilliger Art ausgelegt. Das betrifft zum Beispiel Rauschmittel. Alkohol und Tabak sind verboten, das Rauchen von Haschisch ist erlaubt. Touba ist das Zentrum der Bruderschaft der Muriden. Arbeite, als würdest du ewig leben, und bete, als würdest du morgen sterben, predigte Amadou Bamba Mbacké, der Gründer des Ordens vor hundert Jahren, und daran hält man sich bis heute.[1]

Pop-Ikone und Heiliger

Amadou Bambas Bild ist in Senegal omnipräsent. Als Graffito, Aufkleber oder Plakat ziert es Minibusse und Taxis, Brücken und Hauswände und ist Ausdruck moderner Street Art. Es schmückt Kataloge, Broschüren und Bücher. Stets sind es künstlerische Annäherungen an die einzige Photographie, die es von ihm gibt. Sie wurde im Jahr 1913 vom französischen Geheimdienst aufgenommen. Man sieht einen aufrechtstehenden schlanken Mann, der sich dem Betrachter zuwendet. Er trägt ein knöchellanges weißes Gewand. Der Kopf und ein Teil des Gesichts sind mit einem gleichfarbigen Schal verhüllt, dessen Enden weit über Brust und Rücken fallen. Einige Darstellungen sind mehr oder weniger originalgetreue Reproduktionen der Fotographie in schwarz-weißer Farbe. Bamba ist darauf allein und wirkt der Realität seltsam entrückt. Andere zeigen ihn in Gesellschaft von Löwen, Engeln oder Schülern. Einige Bilder erzählen Geschichten aus der Vergangenheit Senegals oder Mythen, die sich um das Leben des Dargestellten ranken. Besonders beliebt ist eine Szene, die ihn mitten im Meer auf einem Gebetsteppich stehend zeigt. Im Hintergrund befindet sich ein Schiff, auf dessen Reling Personen zu sehen sind, die den französischen Kolonialismus symbolisieren. Das Schiff, so die Geschichte, habe ihn nach Gabun ins Exil gebracht, weil er den Kolonialherren unbequem wurde. Als er den Wunsch äußerte zu beten, sei ihm dies verweigert worden. Bamba soll daraufhin seine Eisenketten gesprengt haben und über die Reling gesprungen sein, um sein Gebet auf dem Wasser zu verrichten. Anschließend sei er auf das Schiff zurückgekehrt. Bei den Darstellungen Bambas handelt es sich nicht nur um profane Kunstwerke. Der Künstler Perry Roberts vergleicht sie mit den Ikonen des orthodoxen Christentums, da sie etwas von der Macht verkörpern, die dem Dargestellten zugeschrieben wird. [2] Wenn man sie berührt, werde dies als segensreich verstanden.

Amadou Bamba ist eine Pop-Ikone, gleichzeitig aber auch ein Heiliger, dessen Biographie untrennbar mit der Geschichte Senegals seit der Endphase des Kolonialismus verbunden ist. Er wurde 1850 in eine bekannte Familie islamischer Gelehrter hineingeboren, die in Senegal Marabouts heißen. Sein Großvater gründete das Dorf Mbacké, das Teil seines Namens wurde.[3] Sein Vater unterhielt eine Koranschule in Mbacké. Hier wurden Bamba die Grundlagen des damals relevanten islamischen Wissens vermittelt. Schon als Kind begann er, den Koran auswendig zu lernen, und zeigte sich als gelehriger und begeisterter Schüler. Als Jugendlicher verfasste er zahlreiche religiöse Gedichte, in denen er Mohammed pries. Sie werden noch heute von seinen Anhängern rezitiert. Bereits als junger Mann erwarb sich Amadou Bamba einen Ruf als Heiliger. 1883 gründete er die Bruderschaft der Muriden. Schon der Umstand, dass ein Afrikaner und kein Araber eine islamische Organisation aufbaute, war für die damalige Zeit ungewöhnlich. Hinzu kam, dass

Anhängerin der Baye Fall mit Ibrahima-Fall-Anhänger

er in der Landessprache der größten indigenen Gruppe, der Wolof, unterrichtete und dass auch Mädchen religiöse Unterweisungen erhielten. Bei der schnell wachsenden Zahl seiner Gefolgsleute kam das gut an, bei Vertretern der Kolonialregierung weniger. Zu Lebzeiten Bambas (1850–1927) war Senegal eine französische Kolonie. Die Kolonialmacht wurde durch islamische Aufstandsbewegungen herausgefordert, deren Führer den antikolonialen Kampf als heiligen Krieg (*jihad*) verstanden und versprachen, nach Erreichen der Unabhängigkeit islamische Staaten zu etablieren.[4]

Die Kolonialregierung war daher aufgrund des zunehmenden Einflusses Bambas alarmiert und sah in ihm einen potentiell gefährlichen Aufrührer. 1895 wurde er angeklagt, einen *jihad* vorzubereiten, und aus dem Senegal ausgewiesen. Bamba widersetzte sich seiner Deportation nicht und untersagte seinen Anhängern sogar, gewaltsam dagegen Widerstand zu leisten. Stattdessen verkündete er eine Friedensbotschaft, die durch sein eigenes Leiden umso überzeugender war. Insgesamt verbrachte er sieben Jahre im Exil in Gabun, vier Jahre in Mauretanien und fünf weitere Jahre in Jolof, einer abgelegenen Gegend in Senegal.[5] Bambas Leben in der Fremde ist in den Erzählungen seiner Anhänger von Wundern geprägt. Er habe nicht nur auf dem Wasser gebetet, sondern die Glut eines feurigen Ofens überlebt, in den er geworfen worden sei. Statt zu verbrennen, habe er dort mit dem Geist Mohammeds Tee getrunken. Die Begegnung mit wilden Löwen, in deren Käfig er gestoßen worden sei, soll ebenfalls wundersam verlaufen sein. Die Raubkatzen hätten sich nämlich friedlich neben ihn gelegt.

Bambas Lehre basiert im Wesentlichen auf drei Prinzipien. Das erste betont die Notwendigkeit für jeden Gläubigen, sich einem Marabout anzuschließen. Wer keinem Scheich als religiösem Ratgeber folge, der folge Satan, soll er gesagt haben.[6] Das zweite Prinzip fordert die Mitglieder der Bruderschaft auf, einen *jihad* gegen die eigenen Leidenschaften und Schwächen zu führen, um Allah näher zu kommen. Dem liegt die Unterscheidung zwischen dem großen und dem kleinen *jihad* zugrunde. Der große *jihad* (*jihad al-akbar*) richtet sich gegen die menschliche Unzulänglichkeit, gegen die Triebe und das eigene Ego, der kleine *jihad* (*jihad al-asghar*) gegen die Feinde der Muslime. Nur der letztgenannte ist ein Krieg, der mit Waffengewalt geführt wird. Die beiden Prinzipien, die der Lehre Bambas zugrunde liegen, gelten auch in anderen sufistischen Orden, allerdings umfassen sie meist nicht die Ablehnung des Krieges im Namen des Islams. Das dritte Prinzip ist das Alleinstellungsmerkmal der Muriden. Es definiert nämlich Arbeit als Teil der religiösen Pflichten.

Während seines Aufenthaltes in Jolof stellte die Kolonialverwaltung Bamba Land für ihn selbst und seine Familie zur Verfügung, und er durfte Besucher empfangen. In dieser Phase seines Lebens soll er sich grundsätzlich von der Idee eines gewaltsamen Aufstandes in Senegal distanziert haben. Stets betonte er die Aussichtslosigkeit eines solchen Krieges. Außerdem seien die Franzosen den Muslimen freundlich gesinnt und man könne in Frieden mit ihnen leben.[7] Bis auf den heutigen Tag wird er deshalb innerhalb seiner internationalen Anhängerschaft als «senegalesischer Gandhi» bezeichnet.[8] Das Bekenntnis für den Frieden führte zu engen Kooperationen mit der Kolonialregierung, die sogar den Dienst von Muriden in der französischen Armee möglich machten. Für die Mitglieder der Bruderschaft waren diese Übereinkommen außerordentlich segensreich. Sie erhielten einen privilegierten Zugang zum kolonialen Machtgeflecht, von dem sie politisch und wirtschaftlich profitierten, und konnten ihre religiösen Ziele ungehindert umsetzen.

Die glückliche Stadt

Nach seinem Tod wurde Bamba in Touba beerdigt, einer Ansiedlung, die er 1887 nach einem spirituellen Erlebnis mitaufgebaut hatte. An dem Ort, an dem er den Grundstein für die spätere Metropole legte, soll ihm nämlich der Engel Gabriel erschienen sein. Bamba initiierte kurz vor seinem Tod den Bau einer großen Moschee, in der sich heute sein Mausoleum befindet. Sie ist die größte in Afrika südlich der Sahara, der wichtigste Wallfahrtsort der Muriden und wurde 1963 im Beisein des damaligen Präsidenten Senghor eröffnet. Touba ist für die Muriden in Architektur gegossene Spiritualität. Das glanzvollste Gebäude ist die große Moschee mit einem 86 Meter hohen Minarett in der Mitte, das von vier kleineren Türmen von immerhin 66 Meter Höhe umgeben ist.[9] Auf dem Gelände befinden sich eine Gnadenquelle, die Gott angeblich zu Ehren Bambas geschaffen hat, eine Bibliothek mit Bambas Werken sowie eine Vielzahl weiterer Gräber von Marabouts und andere sakrale und profane Bauten. Wallfahrten nach Touba und speziell zum Grab Bambas werden, so die Zeitschrift *Africa Times*, als Bestätigung verstanden, dass man Gewalt und Extremismus widerstehe.[10] Die Muriden nennen Touba «Stadt des Paradiesbaumes» oder «die Glückliche» und assoziieren sie mit dem göttlichen Licht.[11] Sie ist das spirituelle Zentrum der Muriden und ein emotionaler Anker, vor allem für diejenigen, die fern der Heimat in der Diaspora leben. Touba sei immer in ihren Herzen, betonten Muriden gegenüber der Ethnologin Victoria Ebin, die über Ordensmitglieder im Ausland forschte.[12]

Jedes Jahr kommen Millionen Mitglieder der Bruderschaft, um gemeinsam den «großen *magal*» zu begehen, einen siebentägigen Festzyklus, mit dem man an den Beginn der Verbannung Bambas erinnert. Man vergleicht die Zeit, die der Ordensgründer außerhalb des Landes verbracht hat, gern mit dem Exil Mohammeds, der nach dem Tod seiner Frau und seines Onkels aus Mekka vertrieben und in Medina aufgenommen wurde. Der Festzyklus wird mit Gebeten, gemeinsamem Essen und Musik gefeiert. Die Muriden bestätigen darin, ganz im Sinne des Ritualforschers Victor W. Turner, ihre *communitas*, ihre spirituelle Gemeinschaft.[13] In Touba, so der Islamwissenschaftler Christian Coulon, präsentieren sich die Muriden als gelebte Utopie.[14] Die logistischen Herausforderungen während eines großen *magal* sind nicht gering, da mindestens eine Million Pilger betreut und versorgt werden müssen. Sie benötigen Schlafplätze, Essen und Getränke, Informationen und vieles mehr. Durch ein diszipliniertes Zusammenspiel der Ordensmitglieder wird die dafür notwendige Infrastruktur jedes Jahr aufgebaut, so dass Zeit für das Eigentliche bleibt: für die gemeinsamen Rituale, die Tänze, Gebete und die Musik. Dadurch verbinden sich die Muriden mit ihren Marabouts und letztendlich mit Allah.[15]

Touba wird gern als Beispiel für die positive Kraft des muridischen Lebensstils und das soziale Gesicht der eigenen Ökonomie angeführt. Man stehe für den anderen ein und pflege enge soziale Bindungen innerhalb des Ordens, heißt es. Der große *magal* ist ein Sinnbild dieser Melange aus sozialer Fürsorge und Geschäftssinn, da auch diejenigen teilnehmen können, die über geringe finanzielle Ressourcen verfügen. Man verweist außerdem gern darauf, dass Wasser in Touba kostenlos ist, während man es außerhalb der Stadt bezahlen muss. Es gibt Abfalleimer, und eine von zwei Autobahnen Senegals endet in Touba.

Beten, Arbeiten und Musik

Touba ist nicht nur ein Wallfahrtszentrum, sondern auch eine Handels- und Finanzmetropole. Ihr Reichtum basiert einerseits auf dem Arbeitsethos und dem Erfindergeist der lokalen Bevölkerung, andererseits aber auf Rücküberweisungen aus der Diaspora. Fleiß wird als religiöse Tugend gewertet. Die Muriden glauben, dass sie für ihre Arbeit mit einem Platz im Paradies belohnt werden.[16] Diese Ethik war stets ein Motor für ökonomische Entwicklungen. Bereits während der Kolonialzeit besetzten die Muriden eine Schlüsselstellung im Erdnusshandel. Gegenwärtig kontrollieren sie das nichtstaatliche Transportwesen und die Bauwirtschaft, engagieren sich im Tourismus und unterhalten eine eigene Tankstellenkette.[17] Dabei helfen ihnen ausgedehnte Beziehungsgeflechte, meint der Islamwissenschaftler Roman Loimeier.[18] Diese verbinden ländliche mit städtischen Regionen, traditionelle und moderne Sektoren, Bauern aus der Erdnussregion mit Studenten aus Dakar.

Schon zu Beginn des 20. Jahrhunderts verließen junge Männer aus der Bruderschaft ihre Familien, um in anderen Teilen Afrikas ihr Glück zu suchen. Sie wollten der Enge der Großfamilien oder der Armut entkommen und gleichzeitig einen Beitrag zur Ausbreitung des Islams und ihres Ordens leisten. Mittlerweile haben die Muriden ein internationales Netzwerk aufgespannt, das bis nach Europa und in die USA reicht. Sie verkaufen Sonnenbrillen in Italien und Handtaschen in Paris. Sie sind Straßenhändler und internationale Großunternehmer, und sie beherrschen den transatlantischen Warenverkehr mit Elektrogeräten zwischen den USA und Senegal.[19] Das Handelsvolumen aus den internationalen Geschäften beläuft sich auf zwei Milliarden Euro im Jahr, schreibt Thomas Volk, der die Konrad-Adenauer-Stiftung in Dakar leitet. Das sei doppelt so viel wie die gesamte Entwicklungshilfe.[20]

Der Umstand, dass junge Menschen ihren Herkunftsdörfern den Rücken kehrten, hatte gravierende Änderungen innerhalb der Sozialstruktur in Senegal zur Folge. Das betraf besonders die ethnische Gruppe der Wolof, der Bamba entstammte. So entstanden Gemeinschaften, die nicht mehr auf der Autorität der Ältesten basierten, sondern auf dem Charisma muslimischer Scheichs.[21] Zwischen ihnen und ihren Schülern etablierten sich Beziehungen, die auf einem Austausch zwischen materiellen und immateriellen Gütern beruhte, das sogenannte *talibé*-System. Die Schüler leisten einen Eid, mit dem sie ihrem Lehrer Gefolgschaft schwören, und dieser verpflichtet sich, für sie zu sorgen. Die Übereinkunft beinhaltet nicht zuletzt, die Felder des Marabout zu bestellen oder Teile der erarbeiteten Einkünfte an ihn weiterzuleiten. Der Marabout bietet im Gegenzug spirituelle, soziale und ökonomische Unterstützung. Wer ein Taxi kaufen oder ein anderes Unternehmen gründen möchte, wendet sich an seinen Scheich. Wer krank ist oder wessen Familienangehörige in Not sind, tut dies ebenso. Marabouts sind Instanzen der Umverteilung gesellschaftlichen Reichtums und dafür verantwortlich, den materiellen Wohlstand ihrer Anhängerschaft zu fördern. Das schließt selbstverständlich die Unterstützung von Armen und Bedürftigen ein.[22] Idealerweise sollen sie sich nicht bereichern, sondern sich an Amadou Bamba ein Vorbild nehmen. Dieser lebte nämlich einfach und asketisch und sorgte durch die Redistribution der materiellen Ressourcen seiner Anhänger für ein bescheidenes Sicherheitsnetz.

Ein wichtiges Element der muridischen Spiritualität ist die Musik, die gleichzeitig eine verlässliche Einkommensquelle darstellt. Sie ist gefällig, leicht konsumierbar und dennoch religiös aufgeladen. Aus diesem Grund haben Muriden auf dem senegalesischen Musikmarkt über die sufistische Szene hinaus großen Erfolg. Jeder Sänger, so die Soziolinguistin Fiona McLaughlin, hat wenigstens ein Lied im Repertoire, das Scheich Amadou Bamba gewidmet ist.[23] Mittlerweile werden Muriden auch international als Musiker geschätzt.[24] Weil sie einen zeitgemäßen Geschmack bedienen, sind besonders Musiker aus der Gruppe der Baye Fall erfolgreich, die auf den Muriden-Scheich Ibrahima Fall (1855–1930) zurückgeht. Fall entstammte einer adligen Familie und war vor seiner Konversion zum Islam ein militärischer Führer des Wolof-Königreiches, das damals mit Frankreich im Krieg lag.[25] Er soll sich um die Sicherheit Bambas verdient gemacht und das Arbeitsethos bei den Muriden etabliert haben. Rastlos diente er selbst Bamba durch harte Arbeit und wurde dadurch zum Vorbild für seine Anhänger. Diese sind davon überzeugt, dass er niemals gestorben, sondern nur vorübergehend verschwunden ist. In naher Zukunft werde er wieder zurückkehren, glauben sie, um die Welt zu retten.

Die Baye Fall sind durch ihre optische Aufmachung leicht zu erkennen. Ihre Markenzeichen sind bunte Gewänder und lange *dreadlocks*, die eine starke Ähnlichkeit mit der Haartracht jamaikanischer Rastafaris haben, sowie der Konsum von Rauschmitteln.[26] Viele von ihnen rauchen Haschisch, trinken Alkohol, verzichten auf das Fasten während des Ramadans und auf die fünf täglichen Pflichtgebete. Die Baye Fall selbst sehen sich trotz ihres devianten Lebensstils als die authentischsten aller Muriden und bezeichnen ihren Weg als den des Herzens.[27]

Zwischen Schülern und Lehrern bestehen bei den Muriden vielfältige Beziehungen. Zentral sind Wissensvermittlung, Gebete und Segnungen, die auf einer *baraka* genannten spirituellen Kraft beruhen.[28] *Baraka* kann von den Marabouts als Segen weitergegeben werden. Dazu dienen beispielsweise Amulette, die sie selbst herstellen. Sie sollen vor Unglück und Krankheit schützen und können in allen nur erdenklichen Situationen eingesetzt werden. Ähnliches gilt für Bittgebete, die man in Auftrag gibt. Wer eine Prüfung zu bestehen hat, ersucht seinen Scheich ebenso um spirituelle Unterstützung wie jemand, der vor einer familiären oder wirtschaftlichen Herausforderung steht.

Die Marabouts beten für ihre Anhänger, sagen die Muriden, und sie selbst arbeiten im Gegenzug für die Marabouts. Die sozialen Beziehungen orientieren sich an einem Klient-Patron-Modell, an dessen Spitze stets Marabouts stehen, die ihren persönlichen Einfluss zum Wohle aller einsetzen und dabei auch selbst profitieren. Arbeit und Spiritualität gehen Hand in Hand. Dabei soll auch der Wohlstand der eigenen Familie vermehrt und dem Islam zu Glanz verholfen werden.

Vergleicht man das von Muriden selbst gezeichnete positive Selbstbild einer ökonomisch starken Gemeinschaft mit nüchternen Zahlen, sind allerdings Zweifel am Erfolgsmodell angebracht. Obwohl das Wirtschaftswachstum bei 6 Prozent liegt, gehört der Senegal zu den am wenigsten entwickelten Ländern der Welt. 80 Prozent der Bevölkerung arbeiten in der Landwirtschaft, der Außenhandel ist defizitär, das Gesundheitssystem schlecht.[29] Jens Borchers, der 2019 einen Beitrag für den Deutschlandfunk verfasste, erfuhr von Gesprächspartnern, dass nicht jeder mit der Finanzpolitik der Marabouts einverstanden ist. Es werde zu viel in die Religion investiert, sagten sie, und zu wenig in die weltliche Bildung, in Krankenhäuser oder die Kanalisation.[30]

Die Macht der Marabouts

Senegal gilt als demokratisch gefestigter Staat. Säkularismus und Demokratie sind im ersten Artikel der Verfassung niedergelegt – gegen den Wunsch der Marabouts, die eine islamische Rechtsordnung bevorzugt hätten.[31] Die Verfassung garantiert Religionsfreiheit, und selbst Konversionen aus dem Islam heraus werden akzeptiert. Über 90 Prozent aller Senegalesen sind Muslime, und die Mehrheit von ihnen gehört einer sufistischen Bruderschaft an.[32] Kleine christliche, meist katholische Gruppen gehen auf den Kolonialismus zurück. Religiöse Gemeinschaften müssen sich registrieren lassen und erhalten dann Steuervorteile sowie Unterstützungen, unter anderem für Pilgerreisen nach Mekka und Rom. Finanzielle Transaktionen unterliegen einer Pflicht zur Transparenz, mit der vor allem eine mögliche Terrorfinanzierung verhindert werden soll.

Léopold Sédar Senghor, der erste Präsident des postkolonialen Senegal, der das Land zwanzig Jahre lang führte, war Katholik. Er regierte mit expliziter Unterstützung der Muriden. Auch die anderen Präsidenten versuchten gute Beziehungen zu den Bruderschaften aufzubauen. Das tun sie noch heute. Die Marabouts sind mächtige politische Akteure und haben Einfluss auf die Besetzung höchster Staatsämter. Vor Wahlen erhalten sie großzügige Spenden, da ihre Empfehlungen von den Gläubigen befolgt werden. Seit den 1990er Jahren stellen die Muriden auch eigene Kandidaten auf. Die Säkularität des Staates ist aus diesen Gründen eher ein hehres Ideal als eine nachweisbare Realität. Entgegen der in der Verfassung festgeschriebenen Trennung von Religion und Staat ist es gerade die enge Verbindung von Politik und Bruderschaften, die zu einem Merkmal der postkolonialen senegalesischen Gesellschaft geworden ist.[33] Man nennt dies auch den senegalesischen Gesellschaftsvertrag.[34]

Die vielfältigen Verflechtungen zwischen Politik und Religion gehen bis in die Kolonialzeit zurück und sind wenigstens teilweise deren Produkt. In gewisser Weise sind die Marabouts nämlich an die Stelle von Repräsentanten des einheimischen Wolof-Adels getreten, der während der kolonialen Herrschaft seine Macht einbüßte. Nicht selten stammten die Scheichs selbst aus adligen Familien und waren Nachkommen religiöser Würdenträger. Weil sie primär als religiöse Führer galten und die Vertreter der französischen Kolonialverwaltung nicht explizit islamfeindlich waren, erschienen die muridischen Marabouts als politisch unverdächtig. Dazu trug auch Bambas explizite Ablehnung des bewaffneten antikolonialen Widerstands bei.

Die Wolof sind die größte ethnische Gruppe in Senegal. Einer Legende zufolge sind sie die Nachfolger der maurischen Almoraviden, die Westafrika im 11. Jahrhundert islamisierten. Der Adel reklamierte eine unmittelbare genealogische Linie mit den muslimischen Eroberern der Vergangenheit, und daran konnten die Marabouts anknüpfen.[35] Anders als die geschwächte Aristokratie, deren Einfluss auf der Verfügung über Grund und Boden beruhte, waren die Marabouts unabhängig.

Amadou Bamba ist ein Beispiel für eine neue Form sozialer und politischer Autorität. Obwohl er viele Jahre seines Lebens außerhalb des Landes verbrachte, konnte er sein Prestige in dieser Zeit mehren und die Schar seiner Anhänger vergrößern. Seine Macht basierte allerdings nicht nur auf seinem Charisma, sondern auch auf seiner Herkunft und seiner Fähigkeit, Allianzen zu schmieden. In diesem Zusammenhang muss erwähnt werden, dass er der Schwager des letzten Wolof-Königs war.[36] In gewisser Weise beerbte er das untergegangene Königreich. Seine Gefolgschaft bestand anfangs aus denjenigen, die entweder ohnehin keine Macht hatten, wie die Sklaven, oder denjenigen, die ihre Macht verloren hatten, wie die Adligen und Krieger. Heute ist die Bruderschaft eine pyramidale Organisation, deren Einheiten von Kalifen geführt werden. An der Spitze steht ein General-Kalif, der seine Legitimation durch eine direkte Abstammung von Amadou Bamba erhält.

Die Marabouts sind die Mittelpunkte sozialer Netzwerke, die sie um sich herum aufbauen und für deren Erhalt sie eintreten. Dabei spielen die Koranschulen eine wichtige Rolle. Viele Knaben werden von ihren Eltern als Schüler in die Obhut eines Marabouts gegeben. Im Hinblick auf die sozialen Beziehungen ist dies in doppelter Hinsicht sinnvoll. Einerseits etabliert man als Vater für eine ganze Familiengruppe Bindungen zu einem einflussreichen Mann, andererseits sind die Beziehungen der Schüler untereinander idealerweise selbst die Grundlage eines neuen Netzwerkes. Schon in den ländlichen Kontexten der Kolonialzeit überantworteten Eltern den islamischen Autoritäten aus diesem Grund ihre männlichen Kinder. Andere Motive waren wirtschaftlicher Natur, denn man hoffte, sich nicht weiter um die Versorgung des Nachwuchses kümmern zu müssen. Dass die Marabouts für die Ernährung der Kinder aufkommen, war jedoch nicht immer der Fall. Einige Koranlehrer ließen ihre Schutzbefohlenen in der Nachbarschaft betteln, und die Erinnerung an Hungerjahre gehört zum festen Repertoire erwachsener Muriden. Heute befindet sich eine zunehmende Anzahl von Koranschulen in den Städten. Viele Kinder leben in unhygienischen Verhältnissen, leiden unter Parasiten, Krankheiten und Mangelernährung. Tagelang sind sie manchmal unterwegs, um eine bestimmte Geldsumme zu beschaffen, und schlafen dann auf der Straße. 100 000 Kinder zwischen fünf und fünfzehn Jahren betteln, bemängelt Human Rights Watch, obwohl dies gesetzlich verboten ist. Menschenrechtsaktivisten sprechen von moderner Sklaverei.[37] Viel Zeit für religiösen Unterricht bleibt unter diesen Umständen oft nicht. Hinzu kommen häufige körperliche Misshandlungen durch die Marabouts. Einige Eltern sind der Ansicht, dass Disziplin und harte Lebensumstände zur Formung eines guten Charakters beitragen, und zitieren das Sprichwort: «Ein Kind kann Allah nicht verstehen, aber es kann die Peitsche verstehen.» Andere Senegalesen sprechen von Missbrauch.

Der schlechte Ruf vieler sufistischer Koranschulen hat mittlerweile dazu geführt, dass Eltern ihre Kinder auf orthodoxe arabische Schulen geben. Sie sind wie staatliche Schulen organisiert, die Lehrer erhalten ein Gehalt, der Unterricht ist weitgehend transparent, und die Kinder gehen abends wieder nach Hause.[38] Die sufistischen Bruderschaften sahen sich durch diese Konkurrenz gezwungen nachzubessern. Vielfach werden Bildungsprogramme jetzt an institutionalisierten Curricula ausgerichtet und nicht mehr allein den charismatischen Lehrern überlassen.[39] Dennoch gewinnen fundamentalistische islamische Strömungen an Bedeutung, und selbst Salafisten und Wahhabiten profitieren davon. Das sei, so Thomas Volk, Einflüssen aus Saudi-Arabien und anderen Golfstaaten sowie dem Iran geschuldet. Auch das Internet spiele eine Rolle. Dort, wo sich die Fundamentalisten durchsetzen, gerät die Toleranz zwangsläufig in Gefahr. Muslime, die sich nicht den Normen der Orthodoxie beugen, erleben Druck, werden stigmatisiert oder sogar sozial ausgeschlossen. Männer, die die gesetzlich erlaubte Polygynie ablehnen, sind davon ebenso betroffen wie Frauen, die kein Kopftuch tragen.[40] Aus radikaleren Kreisen werden selbst die Heiligenverehrung und die sufistische Art des Gottesdienstes, das *dhikr*, als unislamisch abgelehnt. Ebenso bedenklich ist, dass es in den vergangenen Jahren sogar zu Terroranschlägen gekommen ist. Die Bruderschaften müssen sich modernisieren, wenn sie dieser Entwicklung etwas entgegensetzen wollen. Sie dürfen nicht länger Teil eines Systems sein, das als korrupt und selbstsüchtig empfunden wird.

4. SUDAN

Die Geister des roten Windes

Gott habe die Geister (*jinn*) aus einem Gemisch von Feuer erschaffen, heißt es im Koran. Deshalb befindet sich der Glaube der Muslime an Geister im Einklang mit der Orthodoxie. Die Kulte, die sich um spezifische Geistwesen entwickelt haben, sind allerdings Grenzbereiche des Erlaubten, weil sich ihre Anhänger Freiheiten herausnehmen, die in moralischer und theologischer Hinsicht als anstößig empfunden werden. Einer davon ist der *zar*, ein Besessenheitskult, in dem Frauen die Rollen von Priesterinnen einnehmen und so ein Gegengewicht zu patriarchalischen Strukturen schaffen. Er wird in Omdurman im Sudan praktiziert.

Das Heer der Geister

Der Begriff *zar* bzw. *zayran*, wie die Pluralform lautet, wird für eine bestimmte Kategorie von Geistern verwendet. *Zar* wird auch der Kult um die *zayran* genannt. Um beide ranken sich viele Geschichten. Eine handelt von einem Mädchen, das verheiratet werden sollte. Nach langen Verhandlungen war zwischen den beiden beteiligten Familien alles geklärt, der zukünftige Ehemann hatte den Brautpreis bezahlt, Möbel und Kleidungsstücke herbeigeschafft, und der Vermählung stand nichts mehr im Weg. Am Vorabend der Eheschließung erlitt die junge Braut jedoch einen akuten Anfall von Besessenheit. Ein *jinn* war in sie gefahren und hatte sich ihren Körper angeeignet. Sie selbst war nicht mehr ansprechbar, denn an ihrer Stelle sprach nur noch der Geist. Er verlangte, die Verlobung rückgängig zu machen. Andernfalls würde das Mädchen sterben.

Die Eltern waren verzweifelt, da es um ihre Ehre und um materielle Güter ging, doch sie waren auch eingeschüchtert und liebten ihre Tochter. Schließlich willigten sie ein, den Forderungen des Eindringlings nachzugeben, wenn dieser selbst mit dem Bräutigam Kontakt aufnähme und ihm die Sachlage erklärte. Das Mädchen erwachte sofort aus seiner Trance und erholte sich schnell. Am nächsten Morgen erschien der Bräutigam in aller Frühe und kündigte das Heiratsversprechen auf. Die ganze Nacht, sagte er, sei er von einem *jinn* gequält und bedroht worden, der auf einer Annullierung der Verlobung bestanden habe. Dieser Forderung kam er jetzt unverzüglich nach und damit war die Angelegenheit erledigt. Der Brautpreis musste zwar zurückgezahlt werden, doch das Mädchen durfte die Möbel behalten.[1] Es gibt eine Vielzahl ähnlicher Geschichten aus dem Sudan, in dem Geister eingreifen, um Entscheidungen zu beeinflussen, in den Besitz von Wertgegenständen zu gelangen oder andere Ziele zu verfolgen. Davon profitieren in erster Linie Frauen und Mädchen, die häufiger besessen werden als Männer und unangefochten im Zentrum des *zar*-Kultes stehen.

Die Vorstellung, von unsichtbaren Geistwesen umgeben zu sein, die sich dem Menschen gelegentlich offenbaren, ist in vielen Religionen verankert. Im Islam unterscheidet man die Engel, die einer Überlieferung zufolge aus Licht erschaffen wurden, von den *jinn*, die aus einem «Gemisch von Feuer» entstanden sein sollen. So steht es jedenfalls in Vers 55:15 im Koran. Anders als die Engel, die als treue Diener Allahs beschrieben werden, sind die *jinn* ambivalent. «Unter uns sind Rechtschaffene und solche, die es nicht sind», sagen sie in Vers 72:11.[2] In der muslimischen Frömmigkeit gibt es weitere Differenzierungen, die regionale Besonderheiten aufweisen. In der nordsudanesischen Stadt Omdurman unterscheidet man die schwarze Welt der Dämonen von der roten Welt der *zayran*. *Zayran* sind launische Wesen, und es bedarf einigen Geschicks, um ihre destruktiven Kräfte zu neutralisieren oder ihre Potenzen in die gewünschte Richtung zu lenken. Wer sie beherrscht, kann gleichermaßen Gutes wie Übles bewirken. Der Glaube an die Manipulier-

Zar-Ritual in Ägypten

barkeit von Geistern existiert nicht nur im Sudan, und er ist auch keine Besonderheit des Islams. Die meisten Geisterkulte beruhen darauf, dass bestimmte Kategorien von Geistern ambivalent sind und sowohl zum Guten wie zum Schlechten eingesetzt werden können. Stets bedarf es ritueller Spezialisten, um einen möglichen Schaden abzuwenden oder einen Vorteil aus den übernatürlichen Kräften zu ziehen. In Omdurman handelt es sich in der Regel um Frauen, denn der *zar* ist primär ein Frauenkult. Er existiert komplementär zu den sufistischen Kulten der Männer, die ihre eigenen Rituale unter Ausschluss der Frauen praktizieren.

Der *zar* ist ein klassischer Besessenheitskult, der auf der Überzeugung basiert, dass Geister in die Körper der Menschen eindringen, von ihnen Besitz ergreifen und durch die Besessenen agieren. Sie können Krankheiten auslösen, das Wesen ihrer Wirte verändern und sie sogar töten. Werden sie rituell eingehegt, ist es aber auch möglich, mit ihnen eine temporäre oder dauerhafte Symbiose einzugehen. Im Zustand der Besessenheit spricht der Mensch mit veränderter Stimme und legt ein Verhalten an den Tag, das für den Geist, nicht aber für den Menschen typisch ist. Eine besessene muslimische Frau in Omdurman kann sich beispielsweise gänzlich unschicklich verhalten, was man ihr nicht zum Vorwurf machen darf, da es der Geist ist, der für ihr unziemliches Betragen verantwortlich ist.

Der *zar*-Kult ist im Sudan, in Ägypten, Äthiopien, Eritrea, Dschibuti, Somalia und in Küstenregionen des Arabischen Meeres und des Persischen Golfes verbreitet.[3] Der Arabist Christiaan Snouck Hurgronje, der Ende des 19. Jahrhunderts Mekka bereiste, erlebte ihn sogar in der heiligsten Stadt der Muslime. Auf die Arabische Halbinsel gelangte er durch afrikanische Sklaven. Vermutlich liegt sein Ursprung in Äthiopien, wo er auch unter Christen vorkommt.[4] Fast immer sind *zayran* Fremde, Wesen aus anderen Welten, die die Imaginationen der Kultgemeinden nachhaltig beeinflusst haben. Der Ethnologe Eike Haberland war davon überzeugt, dass sich der *zar* als Reaktion auf die tiefgreifenden Zerstörungen einheimischer Kulturen durch das Christentum und den Islam herausgebildet habe. In Gestalt der Geister, so Haberland, verarbeiteten die Menschen die Fremdeinflüsse, denen sie ausgesetzt worden seien.[5] Einen ähnlichen Ansatz vertritt auch die amerikanische Forscherin Janice Boddy, die sich mit der Frage befasst hat, wie sich die Erfahrung des Kolonialismus auf den *zar* auswirkt.[6] Im Zustand der Besessenheit verschmelzen die Geister mit den Einheimischen. Es kann sein, dass die Besessene zittert, sich schüttelt oder um sich schlägt. Man sagt dann, dass der Geist sie «reitet».[7] Von einer unkontrollierten wilden Ekstase kann jedoch keine Rede sein. Vielmehr äußert sich die Besessenheit im *zar* auf eine kontrollierte und festgelegte Weise. Konkret heißt das, dass die Besessenen ausschließlich ein bestimmtes Verhalten zeigen, das ihrem Geist und damit auch einer bestimmten Geisterkategorie eigen ist. Sie tragen Kleidungsstücke, die dem Geist beziehungsweise der Geistergruppe zugeordnet werden, und sie hantieren mit Gegenständen, die dazugehören. Man glaubt, dass sie im Zustand der Besessenheit die Geister *sind*.

In Omdurman gibt es verschiedene Kategorien von *zayran*.[8] Diejenigen, die in jeder Hinsicht konform mit der islamischen Orthodoxie sind, heißen «Derwisch-Geister». Sie sind weiß gewandet, werden mit frommen Sprüchen bei Laune gehalten und können Frauenleiden heilen. Manchmal werden sie von ihren Töchtern begleitet, die Fruchtbarkeit verleihen können. Die «Araber-Geister» stellen Stolz, Aggressivität und Gewaltbereitschaft zur Schau. Sie tragen Turbane und halten Schwerter und eine Nilpferdpeitsche in der Hand. Gabriele Böhringer-Thärigen, die eine ethnographische Feldforschung in Omdurman durchgeführt hat, beschreibt Araber-Geister auch in Gestalt reicher Ölpotentaten, die von Sklaven bedient werden mussten. Die dritte Kategorie sind die «Sudanesen-Geister». Sie symbolisieren den Süden des Landes mit seinen nichtmuslimischen Ethnien, führen Speere, Stöcke oder hölzerne Mörser mit sich und werden als wild und jähzornig dargestellt. Unter ihnen gibt es Hexer und Kannibalen, die Blut trinken und rohe Innereien essen. Die «Pascha-Geister» versinnbildlichen Vertreter des Osmanischen Reiches, die im 19. Jahrhundert auf der Suche nach Gold und Elfenbein Eroberungsfeldzüge in den Sudan unternommen hatten. Sie treten in Phantasieuniformen auf und lieben das militärische Zeremoniell. «Europäer-Geister», unverkennbar der Kolonialzeit entstiegen, treten mit Anzug und Spazierstock auf, rauchen Zigaretten und trinken Whisky. Wenn keine hochgestellten Persönlichkeiten dargestellt werden, erscheinen Europäer häufig als rauflustige Trinker. Bei Zeremonien verlangen sie Luxusartikel wie bestimmte Obstsorten, Butterkekse, Käse und Kartoffelchips und dinieren gern an Tafeln mit weißen Tischtüchern. Die beliebteste Gruppe sind die «Äthiopier-Geister», die in besonderer Weise mit der Farbe Rot assoziiert werden, die für Macht und Sexualität steht. Äthiopier gelten als ungehobelt und autoritär, sie trinken Alkohol und Kaffee und verleihen die Gabe der Wahrsagung. Die populärste «Äthiopierin» ist die Prostituierte Lulia.

Die Last der Schamhaftigkeit

Die Mehrheit der *zayran* sind schrille Verkörperungen von Fremden, denen Eigenschaften zugeschrieben werden, die denen der strengen normativen Ordnung in Omdurman entgegengesetzt sind. Sie werden als wild, anmaßend und selbstsüchtig beschrieben, haben ihre Emotionen nicht unter Kontrolle und verlangen verbotene weltliche Genussmittel. Lulia ist die vollkommene Antithese einer sittsamen sudanesischen Muslimin, aber auch andere weibliche Geister fallen durch den übermäßigen Gebrauch von Parfüm sowie durch exzessives Rauchen und Trinken von Alkohol auf. Das entspannt alle Beteiligten, denn im Zustand der Besessenheit ist es Frauen erlaubt, die ehernen Gesetze des orthodoxen Islams offensiv zu missachten und sich wie die Geister einem verruchten Verlangen hinzugeben.

Der Alltag der Frauen ist ein vollkommen anderer. Schon kleine Mädchen werden angehalten, sich restriktiven Verhaltensregeln zu unterwerfen, sich züchtig zu bekleiden, demütig zu sein und Schamhaftigkeit zu zeigen. Regelverletzungen werden mit Gewalt bestraft, und selbst Brüder dürfen ihre Schwestern schlagen. Hinter den strengen Regularien steht das islamische Konzept der *zina*, des illegitimen Sexualverkehrs, der nach islamischem Recht ein Kapitalverbrechen darstellt und mit Auspeitschung, Verbannung oder sogar Steinigung geahndet werden kann.[9] Legitimer Sex ist nur in der Ehe zwischen einem Mann und seinen Ehefrauen statthaft. Ein rigides System von Scham und Ehre, die Trennung der Geschlechter und die Verschleierung der Frauen sollen illegitimen Geschlechtsverkehr verhindern. Eigentlich sollen sich beide Geschlechter an die strengen islamischen Vorgaben halten, doch gewöhnlich werden sie von Männern nicht so genau genommen. Sie bewegen sich außerhalb des Hauses, besitzen einen gewissen Freiraum, und man gesteht ihnen sogar zu, die Regeln zu unterlaufen, wenn sie kein Aufsehen erregen. Frauen und Mädchen dagegen werden kontrolliert, bestraft und zur Anpassung erzogen. Gehorsam und ein schickliches Benehmen werden mit aller Macht erzwungen, da man vermeiden möchte, dass auch nur der geringste Verdacht entsteht, der für die gesamte Familie gravierende Folgen hätte.

In diesem Zusammenhang steht auch die ritualisierte Verstümmelung der weiblichen Genitalien, die zwischen dem fünften und dem neunten Lebensjahr vorgenommen wird.[10] Eine ältere Frau schneidet dabei, häufig ohne Betäubung, mit einer Schere oder Rasierklinge die Klitoris heraus, entfernt die kleinen und großen Labien und näht die Wundränder zusammen. Eine eingeebnete, vielfach vernarbte Fläche wird geschaffen, die euphemistisch als «Siegel der Keuschheit» bezeichnet wird.[11] Diese sogenannte «pharaonische Beschneidung» wird als «Reinigung» (*tahur*) im Sinne einer Säuberung vom Schmutz verstanden.[12] Zusätzlich zur Entfernung des Gewebes wird der Eingang zur Vagina künstlich verengt. Es soll nur eine Öffnung von der Größe eines Hirsekorns übrigbleiben, sagt man.[13] Man glaubt, dass der Sex für Männer dadurch lustvoller werde und sie ihre Frauen dafür wertschätzten. Auch ästhetische Aspekte spielen eine Rolle. Die vernähte und von Schamlippen und Klitoris «gereinigte» Vulva entspricht einem einheimischen Schönheitsideal.[14] Nach der Eheschließung wird die Öffnung wieder erweitert, um den Geschlechtsverkehr möglich zu machen, und bei Geburten wird das Narbengewebe ebenfalls wieder aufgeschnitten, um das Kind hindurchzulassen. Nach der Geburt wird erneut vernäht.

Die Folgen sind hinreichend beschrieben worden. Sie reichen von Inkontinenz, dauerhaften Schmerzen, Entzündungen, Abszessen und Komplikationen bei Geburten bis hin zu Angstzuständen und Depressionen.[15] 1990 wurde bei einer Studie festgestellt, dass 99 Prozent aller Frauen im muslimischen Nordsudan verstümmelt worden waren und 85 Prozent von ihnen die pharaonische Form erdulden mussten.[16] Mädchen mit intakten Genitalien können nach traditionellen Vorstellungen nicht verheiratet werden und bringen Schande über die Familie. Sie gelten als dreckig und in moralischer Hinsicht als unrein.[17] Eltern, die ihre Töchter nicht diesem Eingriff aussetzen wollen, werden von Verwandten und Nachbarn unter Druck gesetzt. Ihre Ehrhaftigkeit wird angezweifelt, und das kann schnell den Ausschluss aus einer Gemeinschaft zur Folge haben, in der jeder auf Unterstützung durch andere angewiesen ist. Ein älterer religiöser Führer verteidigte diese Sanktionen gegenüber der Forscherin Ellen Gruenbaum mit den Worten: «Wenn eine Person nicht auf sich selbst achtet, wird sich niemand um sie kümmern.»[18]

Genitalverstümmelungen werden mit der vermeintlichen Notwendigkeit begründet, die Sexualität der Frauen zu kontrollieren beziehungsweise zugunsten einer «reinen» Fruchtbarkeit vollkommen zu eliminieren.[19] Dies gilt nicht nur für den Sudan. Die Sitte wird mehrheitlich in muslimischen Gesellschaften praktiziert. Ob sie islamisch geboten ist oder nicht, gilt unter Theologen als umstritten. Viele Gelehrte, darunter der Großmufti von Ägypten, lehnen sie als unislamisch ab, andere sehen sie als *sunna* an. *Sunna* bedeutet alles, was im Einklang mit den Handlungen oder Aussagen Mohammeds steht. Im Fall der Genitalverstümmelungen bezieht man sich auf ein Gespräch zwischen dem Propheten und einer Beschneiderin, in der er sie ermahnt, nicht zu viel wegzuschneiden. Der theologische Diskurs ist in hohem Maße kompliziert, weil unterschiedliche Überlieferungen gegeneinander in Stellung gebracht werden. In einer Version wird die Sitte von Mohammed gutgeheißen, weil sie den Ehemann erfreue, in einer anderen geht es ausschließlich um das Maß des Schneidens. Eine klare Ablehnung der Verstümmelungen lässt sich aus den Texten nicht ohne Weiteres ablesen und bedarf einer sehr anspruchsvollen theologischen Herleitung, die jenseits der gelehrten Stuben offenbar nicht verstanden wird. Fakt ist daher, dass die weiblichen Genitalien in vielen islamisch geprägten Ländern weiterhin zerschnitten werden und dies damit begründet wird, dass der Islam es vorschreibe.[20] In Omdurman bricht man die Debatte auf eine anschauliche Ebene herunter. Sudanesische Frauen seien wie Wassermelonen, besagt ein Sprichwort, denn es gebe keinen Weg hinein.[21] Angesichts dieser Vorschriften ist es bemerkenswert, dass die unbeschnittene Prostituierte Lulia die beliebteste Geisterfigur des *zar* darstellt.

Den Sinn des weiblichen Lebens sieht man in Omdurman in der Ehe und Mutterschaft. Ehen finden im Verwandtenkreis statt und werden von den Älteren arrangiert und organisiert.[22] Es handelt sich um Verträge zwischen Verwandtschaftsgruppen, bei denen es um soziale Beziehungen und um die Kontrolle der weiblichen Fruchtbarkeit geht. Männer heiraten aus diesem Grund mehrere Frauen, wenn sie die materiellen Ressourcen besitzen. Sophia Zenkovsky, die in den 1940er Jahren forschte, schreibt, dass Mädchen im Alter von zwölf Jahren und oft sogar schon vor der Pubertät verheiratet wurden.[23] Gabriele Böhringer-Thärigen erzählt die Geschichte eines Mädchens, das mit zehn Jahren verheiratet wurde.[24] Die Forschungsgruppe Weltanschauungen bestätigte für 2016 ebenfalls ein mögliches Heiratsalter von zehn Jahren.[25] Das offizielle Mindestheiratsalter liegt allerdings seit 1990, als der Sudan die UN-Kinderrechtskonvention unterzeichnete, bei achtzehn Jahren. Kinderheiraten gelten auf lokaler Ebene in zweierlei Hinsicht als vorteilhaft. Die Herkunftsfamilie kann die Verantwortung für die Überwachung der Ehre des Mädchens abgeben, und die Familie des Mannes kann die reproduktiven Potenzen der Braut umfänglich ausnutzen. Zahlreiche Nachkommen werden geschätzt. Hochzeiten sind daher für alle Beteiligten bedeutende Ereignisse. Wie in der eingangs erzählten Geschichte des besessenen Mädchens deutlich wurde, muss ein Brautpreis gezahlt werden, den die Beteiligten miteinander aushandeln. Die Familie des Bräutigams muss außerdem Möbel und Kleidung beisteuern. Nicht nur die Braut erhält eine neue Garderobe, auch die Brautmutter wird mit Geschenken bedacht. Die Vorbereitungen einer Hochzeit dauern lange und sind kostspielig. Wenn ein Mädchen angesichts solcher Umstände Einspruch gegen den vorgesehenen Ehemann erheben möchte, bedarf es unter Umständen der Unterstützung eines Geistes. Dann ist es möglich, auch als Mädchen das Geschick im eigenen Sinne zu beeinflussen.

Nach der Eheschließung verlässt die junge Ehefrau die elterliche Wohnung und zieht zu den Schwiegereltern. Es wird erwartet, dass sie sich ihrem Ehemann unterordnet und ihm Respekt bezeugt. In der Vergangenheit durfte sie in seiner Gegenwart weder essen noch trinken.[26] Ihr Status steigt mit zunehmendem Alter und der Anzahl der Kinder, insbesondere der Söhne. Anders als junge Frauen haben ältere in der muslimischen Gemeinschaft durchaus Gewicht.[27] Sie bestimmen die Regeln in den Frauenräumen, den weiblichen Netzwerken und den Ritualen, mit denen alles zusammengehalten wird. Frauen sind in traditionell-muslimischen sudanesischen Gemeinschaften nicht nur passive Opfer, denen Regeln auferlegt werden, sondern fordern ihre Einhaltung auch aktiv ein und bestrafen diejenigen, die sie brechen. Männer und Frauen leben im Alltag weitgehend voneinander getrennt. Männer verbringen ihre Zeit mit anderen Männern außerhalb der Häuser in einer Öffentlichkeit, die Märkte und Moscheen einschließt. Frauen bleiben im Inneren der Häuser, sind dabei aber keineswegs isoliert.[28] Die Segregation der Geschlechter führt vielmehr dazu, dass sie in einer eigenen weiblichen Öffentlichkeit weitgehend ohne männliche Intervention agieren. Ihre Welt ist komplementär zu der Welt der Männer und wird stark durch lebenszyklische Ereignisse und rituelle Handlungen strukturiert.

Die Herrinnen der Rituale

Vor allem Übergangsriten, die mit einem Statuswandel verbunden sind, spielen für Frauen eine zentrale Rolle. Dazu zählen Beschneidungen, Hochzeiten und Geburten. Die Ethnologin Melissa Parker, die bei mehreren Genitalverstümmelungen anwesend war, hat die fürchterliche Prozedur bei einem siebenjährigen Mädchen in einem Aufsatz beschrieben. Während eine alte Frau dem schreienden Kind mit einer Rasierklinge die äußeren Genitalien herausschnitt, hielten die Mutter und andere Frauen ihre Arme und Beine fest und drückten sie auf den Boden. Ihre Sorge galt primär der

Frage, ob genug Gewebe weggeschnitten worden war. Danach wurde Tee und Kaffee gereicht. Die Anwesenden waren in Feierlaune und plauderten über die Qualität von Beschneiderinnen. Nachbarinnen kamen und setzten sich dazu. Einige gratulierten der Mutter.[29] Zwei Wochen soll das Mädchen nach solchen Prozeduren mit zusammengebundenen Beinen liegen, danach ist die Wunde verheilt, falls sie sich nicht entzündet. Diese Phase wird mit derjenigen von Wöchnerinnen verglichen, und das Mädchen wird als «Braut» bezeichnet. Um es vor dem Einfluss übelwollender *jinn* zu schützen, färben die Frauen seine Hände und Füße mit Henna und umranden seine Augen mit Antimon. Die Prozedur endet mit einem kleinen Fest, bei dem das Mädchen neue Kleidung und Schmuck erhält.[30]

Aufwendiger sind Hochzeiten. Sie bestehen aus einer Vielzahl von Sequenzen, die von den Frauen gestaltet und überwacht werden.[31] Es beginnt mit dem offiziellen Heiratsantrag, der das «Öffnen des Mundes» genannt wird. Der Braut werden kleine Geschenke übergeben. Der nächste Schritt ist die Übergabe des Brautgeldes, das wenigstens teilweise als Rücklage für die Ehefrau im Falle einer Scheidung dienen soll. Auch andere größere Geschenke werden überreicht. Unmittelbar vor der Eheschließung unterzieht sich die Braut einem umfänglichen Programm der Körperpflege, darunter auch einer intensiven Räucherung der Haut mit wohlriechenden Hölzern und einer Henna-Zeremonie, bei der Hände und Füße verziert werden. Der Höhepunkt der Hochzeit ist der Einzug des Bräutigams in das Haus der Braut und die Entschleierung der zukünftigen Ehefrau. Die Frauen begrüßen den Ehemann und seine Verwandten mit Freudentrillern. Danach führt die Braut einen einstudierten Tanz auf, der das Werben von Tauben symbolisieren soll. Der Kopf wird in den Nacken gelehnt, der Rücken gekrümmt, Brust und Gesäß nach außen geschoben und die Augen geschlossen. Dabei wird sie mehrfach spielerisch vom Bräutigam verschleiert und wieder entschleiert.

Am folgenden Tag findet eine Zeremonie im Haus des Bräutigams statt. Frauen und Männer tanzen nach Geschlechtern getrennt im selben Raum, doch die verheirateten Frauen dürfen sich den Männern nähern und deren Schultern mit ihren unverschleierten, zu Zöpfen gebundenen Haaren berühren. Durch diesen weiblichen Segen soll die Fruchtbarkeit der Männer gefördert werden. Weitere Zeremonien schließen sich an, die wieder von den Frauen gestaltet werden. Selbst der sexuelle Vollzug der Ehe kann nicht ohne externe weibliche Hilfe stattfinden, da die Braut zunächst aufgeschnitten werden muss. Nach der Eheschließung steht die Fruchtbarkeit der jungen Frau im Mittelpunkt der allgemeinen Sorge. Schwangerschaften und Geburten werden praktisch und rituell von erfahrenen Frauen begleitet und setzen die lange Reihe lebenszyklischer Sequenzen fort, die primär in weiblicher Verantwortung liegen.

Der zar-Kult ist in vielerlei Hinsicht an diese Rituale angeschlossen. Er kommentiert, karikiert und korrigiert eine Ordnung, die gegenüber Mädchen und jungen Frauen wenig Mitleid zeigt, ihre Körper verstümmelt und ihre Zukunft fremdbestimmt.[32] Die Besessenen werden «Bräute» genannt, und auf einer gewissen Ebene erwartet man, dass sie die Geister wie Ehemänner behandeln. Das bedeutet etwa, dass sich die Frauen parfümieren, schminken und für ihre «Ehemänner» schmücken.[33] Auch der «Tanz der Taube», der im Zentrum einer gewöhnlichen Hochzeit steht, wird im zar aufgeführt. Anders als in der Realität, in der es Männern nach islamischem Recht erlaubt ist, bis zu vier Ehefrauen zu heiraten, eine Frau sich aber mit einem Ehemann begnügen muss, können Frauen im zar die Bräute eines oder mehrerer Geister sein. Die islamische Polygynie wird dadurch symbolisch auf den Kopf gestellt.

Einer Aufnahme in die Kultgemeinschaft gehen körperliche oder psychische Beschwerden voraus, die von einer Expertin als Besessenheit diagnostiziert werden. Diese Expertin führt anschließend eine Zeremonie durch, bei der ein Räuchergefäß um die Patientin herumgereicht wird. Selbst zwischen die gespreizten Beine hält man es, damit der Rauch in alle Körperöffnungen eindringen kann. Die Öffnung des Räuchergefäßes wird als Beginn einer lebenslangen

Beziehung zwischen dem Geist und der Frau verstanden. Ein Räuchern der Braut ist ebenfalls aus den weltlichen Hochzeitsvorbereitungen bekannt. Irgendwann fällt die Braut beim *zar* in einen tranceartigen Zustand und der Geist spricht aus ihr. Er sagt seinen Namen und verrät, woher er kommt. Wie gezeigt, ist er nicht selten ein Fremder, jemand, dessen Herkunft allein schon eine Transgression der Strukturen eröffnet, die die Frauen in ein enges Regelkorsett pressen. Während der Rituale verhalten sich die Besessenen provozierend. Sie rauchen, trinken, sind lasziv und führen obszöne Reden.[34] Wenn sie männliche *zayran* darstellen, kommt es mitunter zu rituellen Geschlechtswechseln. Niemand kann den Frauen ihr Verhalten zum Vorwurf machen, denn es sind allein die Geister, die handeln. Die Besessenen selbst stellen nur die menschlichen Gefäße dar. Sie können die Freiheiten des Kultes nutzen, ohne Konsequenzen fürchten zu müssen. Doch der *zar* ist nicht nur ein temporärer Freiraum für die Frauen. Er bietet auch die Möglichkeit, unmittelbaren Einfluss auf das Leben der Einzelnen zu nehmen, denn die Geister agieren ganz im Sinne der Besessenen. Sie verlangen Schmuck und schöne Kleidung, fordern, dass ein Ehemann aufhört, seine Frau zu schlagen, oder dass das Haushaltsbudget erhöht wird.[35]

Soziale Reformen

Während viele Wissenschaftlerinnen den *zar* aus diesen Gründen als listenreiche Erfindung der Frauen feiern, um den patriarchalischen Gepflogenheiten erfolgreich ihre eigenen Interessen entgegenzusetzen, sind sudanesische Frauenrechtlerinnen skeptisch. Ellen Gruenbaum zitiert die Aktivistin Samira Amin Ahmed, die *zar*, Genitalverstümmelung und Hochzeitsrituale allesamt als unterdrückerische Praktiken ablehnt, weil sie die Unterwerfung der Frauen letztendlich bestätigten.[36]

Im Sudan hat sich seit der Unabhängigkeit im Jahr 1956 vieles verändert. 1964 erhielten Frauen das aktive und passive Wahlrecht, und 1969 wurde ein Gesetz verabschiedet, das ihnen bei gleicher Arbeit den gleichen Lohn zusicherte. Die politischen Veränderungen wurden durch ökonomische verstärkt. Viele Männer gingen als Arbeitsmigranten in die ölreichen Monarchien am arabischen Golf, und die Frauen wurden zu Haushaltsvorständen.[37] Im urbanen Mittelstandsmilieu entstanden Kleinfamilien, Bildung wurde eine Voraussetzung für materiellen Erfolg. In diesen Kreisen entwickelte sich eine starke Ablehnung patriarchalischer Traditionen, der Genitalverstümmelung und des *zar*. Frauen begannen, sich in modernen Organisationen zusammenzuschließen. Einige von ihnen besaßen eine kommunistische, andere eine islamistische Agenda. Gemeinsam war ihnen, dass sie eine nichtwestliche Form der Emanzipation anstrebten.[38] Unter Hasan al-Turabi (1932–2016) machte sich die islamistische Muslimbruderschaft die Emanzipation der Frauen zu eigen und warb damit um die Unterstützung von Frauen.[39] Dabei stand allerdings nicht die soziale und rechtliche Gleichheit der Geschlechter im Vordergrund, sondern die Idee, dass sich die Geschlechter gerade durch ihre Unterschiede ergänzen. Viele Frauen griffen diese Form der Emanzipation dennoch begeistert auf. Ihre Partei war die «Nationalislamische Front» (NIF). Nach Sondra Hale, emeritierte Professorin für Gender Studies an der Universität von Kalifornien, handelt es sich dabei um eine mittelständisch-städtische Partei, die eine islamistische Moderne voranbringen wollte.[40] Den *zar* lehnte die NIF als unislamisch und rückschrittlich ab.

1989 kam Omar al-Baschir durch einen Staatsstreich mit Unterstützung der NIF an die Macht. Das islamische Recht wurde vollumfänglich eingeführt und Frauen wieder zum Rückzug in das häusliche Leben genötigt.[41] Sie wurden staatlich verfolgt, wenn sie Hosen trugen oder aus anderen Gründen gegen islamische Regularien verstießen.[42] 1992 erfolgte ein Verbot des *zar*. Baschir wurde 2019 von einer breiten Volksbewegung gestürzt, die besonders von jungen Frauen getragen wurde. Ein neues Gesetz wurde erlassen, das Genitalverstümmelung verbietet und mit bis zu drei Jahren Haft bestraft.

Kliniken, die die Operation anbieten, können geschlossen werden. Ob dies die Praxis und die dahinterstehende Genderordnung verändert, ist allerdings ungewiss. Bereits 1946 stellte die britische Kolonialregierung die pharaonische Beschneidung unter Strafe, doch die Sitte blieb bestehen, weil niemand die Einhaltung des Gesetzes kontrollierte. 1983 wurden alle Formen der Genitalverstümmelung wieder legalisiert. Gegenwärtig möchten junge Aktivistinnen die repressive Geschlechterordnung grundsätzlich ändern. Sie fordern die Unterzeichnung und Umsetzung der «UN-Deklaration zur Abschaffung jeglicher Diskriminierung von Frauen». Das ist ein guter und längst überfälliger Ansatz, aber ebenfalls keine Garantie für die tatsächliche Umsetzung von Frauenrechten. Die gesamte Kultur der Ungleichheit müsste sich ändern und dies wäre ein weiter Weg.

Dass der Sudan bleibt, wie er in den vergangenen Jahrzehnten war, ist nicht wahrscheinlich. Allerdings erscheinen manche Entwicklungen widersprüchlich. Die Polygynie ist auf dem Vormarsch, und die Altersdifferenz zwischen Ehefrauen und Ehemännern nimmt stetig zu.[43] Gleichzeitig entscheiden sich viele Eltern, ihre Töchter nicht mehr der pharaonischen Beschneidung auszusetzen. Es gibt deutliche Anzeichen dafür, dass junge Menschen nicht mehr vorbehaltlos zu patriarchalischen Gewohnheiten stehen, seien sie nun islamisch oder durch die Tradition begründet. Einige Paare, die sich ineinander verliebten, heiraten heimlich im Beisein zweier vertrauter Zeugen, was nach islamischem Recht möglich ist. Wird ihr Verhältnis bekannt oder die Frau schwanger, dann lässt sich immerhin eine gewisse Legitimität der Ehe beweisen. Wie in anderen islamisch geprägten Ländern nimmt außerdem die chirurgische Wiederherstellung eines jungfräulichen Zustandes zu, auf die sich einige Kliniken bereits spezialisiert haben.[44] Der *zar* ist trotz seines Verbotes lebendig geblieben, hat sich aber ebenfalls verändert. Teilweise ist er zum Bestandteil einer modernen Eventkultur geworden, und nicht selten wurde die Leitung dann von einem Mann übernommen.[45]

5. OMAN

Ein Opernhaus am Golf

Das kleine Sultanat Oman im Südwesten der Arabischen Halbinsel gilt als Heimat eines außergewöhnlich toleranten Islams. Dafür zeichnet der jüngst verstorbene Sultan Qabus verantwortlich, der den Wüstenstaat fünfzig Jahre lang regierte und seine Macht als Monarch nutzte, um verkrustete gesellschaftliche Strukturen aufzubrechen und das Land in die Moderne zu führen. Ein sichtbares Zeichen seines Engagements ist ein prachtvolles Opernhaus in der Hauptstadt Maskat, in dem spirituell-islamische Musikstücke, italienische Opern und west-östliche Folklore aufgeführt werden.

Der Ibadismus

Die mediale Darstellung Omans ist in Deutschland überaus positiv und viele Feuilletonisten vertreten die Ansicht, die kleine Monarchie sei etwas Besonderes, weil ihre Bewohner mehrheitlich dem sogenannten ibaditischen Islam anhingen. In einem Beitrag für den Deutschlandfunk vertrat beispielsweise Werner Bloch die Auffassung, Oman sei weltoffen, weil das Ibaditentum freundlich und friedlich sei.[1] Das Feature trug den Titel «Der Islam der maximalen Toleranz». Die *Welt*-Autorin Bettina Seipp ging noch weiter und behauptete, Ibaditen seien nicht nur friedfertig und tolerant, sondern lehnten auch «religiöse Diktate» ab.[2] Bloch und Seipp sind zwei Beispiele aus einem großen Chor von Stimmen, die einhellig betonen, beim Ibaditentum handele es sich um die verträgliche Sonderform einer Weltreligion, die gemeinhin mit anderen Attributen bedacht wird.

Historisch gesehen ist dies allerdings nicht der Fall. Die Ibaditen gehen nämlich auf die Kharijiten zurück, eine Gruppe, die sich durch die Spaltung der frühislamischen Gemeinschaft nach dem Tod Mohammeds herausbildete.[3] Die Muslime stritten damals über die Form ihres Glaubens und darüber, wer sie anführen sollte. Es bildeten sich zwei Lager, die sich feindlich gegenüberstanden. Die Anhänger Alis, des Schwiegersohnes Mohammeds, der zum Gründungsvater der Schiiten werden sollte, befanden sich auf der einen, die Gefolgsleute des ehemaligen syrischen Gouverneurs Muawiyya auf der anderen Seite. Aus Letzteren gingen die Sunniten hervor. Die Kharijiten opponierten gegen beide, da sie es ablehnten, dass jemand aufgrund seiner Herkunft Kalif wurde. Für sie zählte die Gleichheit aller muslimischen Männer, und der Kalif war ihrer Ansicht nach nicht mehr als ein *primus inter pares*, abhängig von der Zustimmung der Gemeinschaft und seinem einwandfreien Lebenswandel. Jeder freie muslimische Mann, der sich Verdienste im Namen des Islams erworben hatte, sollte das höchste Amt übernehmen dürfen, wenn er gewählt würde.[4] Andererseits sollten diejenigen, die vom vermeintlich richtigen Weg abwichen, nicht nur von Führungspositionen ausgeschlossen, sondern als Ungläubige getötet werden. Als solche galten ihnen der dritte Kalif Uthman und der vierte Kalif Ali, der im Jahr 661 durch einen Kharijiten ermordet wurde. Wegen der Gewalt, mit der sie diejenigen verfolgten, die sie als Abtrünnige vom wahren Glauben betrachteten, bezeichnet der Münsteraner Islamwissenschaftler Cefli Ademi die Kharijiten als Vorläufer des IS.[5] Der Theologe und Orientalist Julius Wellhausen, der sie im 19. Jahrhundert schmeichelhafter als «Revolutionspartei» beschrieb, verglich sie mit den jüdischen Zeloten.[6] Seiner Auffassung nach war es ihre radikale Theologie, die sie zwangsläufig in Opposition zu den sich etablierenden Herrschaftsstrukturen in muslimisch dominierten Gebieten brachte.

Während die Kharijiten im Mittelalter verschwanden, bestand die im 8. Jahrhundert aus ihnen hervorgegangene Sondergemeinschaft der Ibaditen in Oman, Algerien, Tunesien, Libyen und auf

Das Königliche Opernhaus in Maskat

Sansibar weiter.[7] Sie lösten sich von ihren radikaldemokratischen Grundsätzen und gestanden dem gewählten Herrscher Regierungsverantwortung ohne dauerhafte Kontrolle der Gemeinschaft zu.[8] Zu den Sunniten bestehen Unterschiede, die theologisch und im Hinblick auf die Geschichte begründet werden. Problematisch ist die Beziehung zu Saudi-Arabien, da die heutigen Ibaditen in den Saudis «neuzeitliche Wiedergänger» derjenigen sehen, die ihre Vorfahren ursprünglich als Feinde des Islams ausgemacht hatten.[9] Das Verhältnis zum Westen war bei den Ibaditen in der Vergangenheit ähnlich ablehnend wie das der Sunniten. Auch im Hinblick auf antikoloniale Selbstbehauptungsstrategien gab es mehr Gemeinsamkeiten als Unterschiede. Im 20. Jahrhundert konstituierte sich unter Ibaditen eine Renaissance-Bewegung, deren Vertreter eine Rückbesinnung auf die Ursprünge des Islams als Mittel gegen die Ausbreitung westlicher Dekadenz empfahlen.[10] Zu diesem religiösen Aufbruch gehörten auch ein unversöhnlicher Antisemitismus und die Idee, mit Juden und Christen in einem endzeitlichen Kampf verstrickt zu sein.[11] Toleranz lässt sich aus all diesen Fakten nicht herauslesen.

Dennoch kam es im ausgehenden 20. Jahrhundert zu Reformen, die das Bild des Königreichs vollständig veränderten und die Aura einer toleranten Monarchie begründeten. Diese Entwicklung geht maßgeblich auf das Modernisierungsprojekt Sultan Qabus' zurück, der von 1970 bis zu seinem Tod 2020 fünfzig Jahre lang im Oman regierte.

Aufbruch in die Moderne

Viele Jahrhunderte lang war das Sultanat Oman, das auch den teilautonomen ostafrikanischen Archipel Sansibar sowie weite Teile der ostafrikanischen Swahili-Küste umfasste, eine regionale Seemacht, deren Reichtum auf dem maritimen Warenaustausch zwischen Asien und Afrika basierte. Handelsgüter waren unter anderem Gewürze und Menschen. Sansibar war ein Zentrum des

Sklavenhandels, bis dieser in der Mitte des 19. Jahrhunderts aufgrund britischer Interventionen zum Erliegen kam. Die Eröffnung des Suez-Kanals 1869 und die britische Dominanz im Arabischen Meer taten ein Übriges, um dem Sultanat die wirtschaftliche Grundlage zu entziehen.[12] Es folgte eine Periode der Abschottung, und 1970 gehörte Oman zu den rückständigsten Ländern der arabischen Welt.

Das politische System bestand aus einem Imamat, bei dem das Oberhaupt des Staates aus einem Rat von Rechtsgelehrten gewählt wird. Ursprünglich waren die politischen und religiösen Führungsaufgaben in einer Person konzentriert, doch im 18. Jahrhundert wurden die Ämter getrennt. Die Imame blieben religiöse Autoritäten, die Richtlinien für das moralisch akzeptable Betragen der Einwohner erließen, während der staatlichen Regierung der Aufbau und Unterhalt einer funktionsfähigen Verwaltung und andere irdische Belange der Untertanen oblagen. Das verursachte zwangsläufig eine gewisse Spannung zwischen Politik und Theologie. Ungeachtet dieser Entwicklung blieb Oman ein tribaler, von Stämmen beherrschter Staat, dessen Basis aus Verwandtschaftsgruppen und deren Allianzen bestand.[13] Das Leben fand weitgehend innerhalb der Großfamilienverbände statt. Menschen waren durch Blutsbande, Heirat oder Patronage miteinander verbunden. Stammesführer kontrollierten die Wirtschaft und die Gesellschaft. Said ibn Taimur (1910–1972), der von 1932 bis 1970 als Sultan über Maskat und Oman herrschte, hegte keine Ambitionen, diesen Zustand zu ändern. Im Gegenteil verweigerte er hartnäckig jedwede Modernisierung und trieb dadurch einen Teil der gebildeten Jugend, darunter auch viele Frauen, ins Ausland.[14] Ein anderer Teil blieb im Lande und schloss sich in einer ursprünglich lokalen, später aber marxistisch orientierten Bewegung mit internationalen Verbindungen zusammen. Der gewaltsame Umsturz war das erklärte Ziel der jungen Guerilleros, für das sie von 1963 bis 1975 mit Waffengewalt kämpften. Ihr Programm war radikal, sozialistisch und beinhaltete die Befreiung aus Tradition und Religion sowie einen grundlegenden sozialen Wandel. Wie alle linken Bewegungen des globalen Südens forderten die Revolutionäre Bildung und attackierten patriarchalische Strukturen.[15]

1970 wurde Sultan Said ibn Taimur von seinem Sohn Qabus ibn Said in einem unblutigen Putsch des Amtes enthoben. Qabus beendete den Bürgerkrieg, entmachtete die Stämme und warb erfolgreich für eine Rückkehr der vertriebenen Bildungselite. Eine Reihe von Reformvorhaben wurde auf den Weg gebracht. Es herrschte Aufbruchsstimmung, wenngleich keine Demokratie. Der Sultan war gleichermaßen Staatsoberhaupt und Regierungschef, Außen-, Finanz- und Verteidigungsminister. Ihm zur Seite stand ein Konsultativrat, der nach dem Vorbild des britischen Parlaments aus einem Oberhaus und einem Unterhaus bestand. Die Mitglieder des Oberhauses wurden vom Herrscher persönlich ernannt, die des Unterhauses ebenfalls, allerdings aus einer Gruppe, die zuvor gewählt wurde. Der Rat konnte Anregungen geben und Vorschläge machen, doch am Ende entschied der Sultan.[16] Politische Parteien existierten nicht.[17] Meinungs- und Pressefreiheit waren eingeschränkt. Unbequeme Themen wie die Kritik von Missständen wurden zensiert, und wer sich nicht an die Spielregeln hielt, verschwand im Gefängnis.[18]

Die Ökonomie gründete weitgehend auf Einnahmen aus Ölvorkommen, die ausreichende finanzielle Mittel einbrachten, um die kostspieligen Projekte umzusetzen, die Oman in die Moderne führen sollten. Um die Abhängigkeit von der endlichen Ressource Öl zu verringern, startete der Sultan eine Bildungsoffensive, finanzierte eine Universität, mehrere Colleges und eine Reihe kultureller Institutionen. Das Ergebnis konnte sich sehen lassen. Während 1975/76 lediglich 22 Schüler eine weiterführende Schule besuchten, waren es elf Jahre später 13 500 und 1997 bereits 77 000.[19] Das betraf auch Mädchen, deren Anteil in Schulen und Universitäten konstant zunahm.[20] Der Anteil von Analphabetinnen sank von 85 Prozent 1970 auf 9 Prozent 2013.[21] Mit Fünf-Jahres-Entwicklungsplänen sollten zudem omanische Fachkräfte ausgebildet werden, um langfristig ausländische Experten zu ersetzen. Heute existiert ein kostenloses Bildungs- und Gesundheitswesen, für Beschäftigte wird ein Mindestlohn gezahlt, Witwen, Waisen und Alte haben Rentenansprüche.

In dieser Situation des Aufbruchs kam der Religion einerseits eine wichtige legitimatorische Rolle zu, andererseits sollte sie nach dem Willen des Sultans selbst reformiert beziehungsweise neu definiert werden. Es war ein heikles Unterfangen, bei dem es galt, das religiöse Establishment einzubinden, um eine gefährliche Opposition dieser einflussreichen Kräfte zu verhindern. Sultan Qabus agierte behutsam auf mehreren Ebenen. 1997 benannte er die Behörde, die zuvor «Ministerium für rechtliche und islamische Angelegenheiten» hieß, in «Ministerium für Stiftungen und religiöse Angelegenheiten» um. Dies war ein unmissverständliches Zeichen der Anerkennung des sunnitischen und schiitischen Islams sowie des Christentums, des Hinduismus, Buddhismus und des Sikhismus. Gleichzeitig wertete er das Religionsministerium auf. Während seiner Regentschaft entstand eine riesige Behörde mit 6000 Mitarbeitern, die einen gewaltigen Machtfaktor darstellte. Als unmittelbaren Ansprechpartner der theologischen Elite erschuf er zudem die Position eines staatlichen General-Muftis. Als symbolische Geste muss der Bau einer repräsentativen, nach dem Sultan benannten Moschee in der Hauptstadt Maskat verstanden werden, die Muslimen jeglicher Glaubensrichtung zum Gebet offensteht. Sechs Jahre dauerte die Fertigstellung des imposanten, von Gartenanlagen umgebenen Gebäudes, in dem sich 20 000 Gläubige gleichzeitig aufhalten können.

Nun ist es nicht ungewöhnlich, dass sich muslimische Herrscher mit prunkvollen Moscheen ein Denkmal setzen. International bekannt wurde der Sultan daher weniger durch dieses Monument als durch den Bau eines Opernhauses, das der Moschee im Hinblick auf architektonische Eleganz ebenbürtig ist. Es wurde aus weißem Marmor mit weitläufigen Arkaden errichtet und beinhaltet einen in Rot und Gold gehaltenen Konzertsaal mit perfekter Akustik. Die

Oper wurde 2011 mit Puccinis *Turandot* eröffnet. Der spanische Tenor Placido Domingo wurde zur Premiere eingeflogen. Parallel zur Eröffnung konnte man die Ausstellung «Oper. 400 Jahre Leidenschaft» besuchen, die vom Victoria and Albert Museum in London geliehen wurde. Seitdem gastieren internationale Orchester und Künstler aus Orient und Okzident in Maskat, man führt *La Bohème, Carmen, Macbeth* und den *Fliegenden Holländer* ebenso auf wie islamisch-spirituelle Konzerte oder sufistische Musik. 2012 wurde die Hamburgerin Christina Schepelmann, die zuvor die Nationaloper in Washington geleitet hatte, als Intendantin gewonnen. Das Programm des Jahres 2013 wurde unter anderem vom Bayerischen Staatsballett, dem Ensemble des Nationalen Afghanischen Musik-Institutes, von chinesischen Akrobaten, der Sängerin Dobet Gnahoré aus der Elfenbeinküste, der portugiesischen Fado-Interpretin Mariza und der «Omanischen Militärkapelle» bestritten. 2015 waren die Regensburger Domspatzen, die kubanische Band «Buena Vista Social Club» und das «Palästinensische Jugendorchester» geladen und man präsentierte Buster Keatons Stummfilm *Der General.* Seit 2013 werden spezielle Veranstaltungen anlässlich des Internationalen Frauentages angeboten. Mit dem Programm seiner Oper konnte Sultan Qabus erfolgreich demonstrieren, dass eine Integration internationaler und arabisch-islamischer Kulturproduktionen möglich ist.

Religiöse Toleranz

Diese Einbettungen muslimischer Frömmigkeit in ein Weltkulturprogramm wurden als Zeichen von Offenheit und Toleranz verstanden. Tatsächlich ist wohl die wichtigste Botschaft, die Sultan Qabus der Welt vermitteln wollte, dass der omanische Islam tolerant und weltoffen ist und keine Berührungsängste gegenüber der säkularen westlichen Welt bestehen. In einem Interview in der Zeitschrift *Foreign Affairs* bekannte er sich 1997 zu einem progressiven Islamverständnis. Man könne die Evolution nicht aufhalten, der

Islam sei nicht gegen den Fortschritt. Das sei im Prinzip des *idschtihad*, einer theologischen Vernunftorientierung festgelegt, die letztendlich beinhalte, alles im Kontext von Zeitlichkeit zu verorten und zu interpretieren.[22]

Um die Botschaft vom progressiven omanischen Islam in alle Welt zu tragen, wurde eine Reihe öffentlichkeitswirksamer Projekte entwickelt. Eines davon war die Ausstellung *Religiöse Toleranz – der Islam im Sultanat Oman*, die der Oman-begeisterte Reiseanbieter Georg Popp zusammen mit dem omanischen Ministerium für religiöse Angelegenheiten durchführte. 2010 wurde sie in München eröffnet, in den folgenden Jahren in zwanzig Sprachen übersetzt und in dreißig Ländern gezeigt. Eine Dokumentation erschien 2017 unter dem Titel *Toleranz, Verstehen, Koexistenz. Oman's Botschaft des Islam*.[23] In die gleiche Richtung ging eine Publikation von Vorträgen des Religionsministers Scheich Abdullah bin Mohammed al-Salmi in mehreren Sprachen, darunter auch in deutscher Übersetzung, unter dem Titel *Religiöse Toleranz. Eine Vision*. Zwei Themen werden darin immer wieder behandelt: die Ablehnung von Gewalt und Extremismus und die Anerkennung nichtmuslimischer Weltauffassungen. In einer Rede vor der American Society of Missiology in Chicago am 18. Juni 2005 bezeichnete al-Salmi den dschihadistischen Anschlag vom 11. September 2001 als «herbe Enttäuschung für muslimische Intellektuelle, weil es den Muslimen im Westen und bei uns großen Schaden zufügte.»[24] Weil es kein muslimisch geprägtes Land gebe, in dem nicht auch Anhänger anderer Religionen leben, müsse es darum gehen, gut miteinander auszukommen. Dieses Bekenntnis bezog sich auch auf Oman, dessen Bevölkerung aufgrund moderner Arbeitsmigration recht heterogen geworden ist. Der Minister betont in Gesprächen mit internationalen Journalisten gern die besondere Verbundenheit innerhalb der abrahamitischen Religionen. Zur Untermauerung zitierte er europäische Wissenschaftler wie den Ethnologen Jack Goody, der in seiner Abhandlung *Islam in Europe* auf Samuel Huntingtons These vom Kampf der Kulturen entgegnete, die Konflikte zwischen den Muslimen und dem Westen seien eine Folge ihrer Ähnlichkeit und nicht ihrer Unterschiedlichkeit. Der Schweizer Theologe Hans Küng wurde mit den Sätzen: «Frieden unter den Nationen ist nicht ohne Frieden unter den Religionen möglich» und «Es gibt kein Zusammenleben auf unserem Globus ohne ein globales Ethos» wiedergegeben.[25] Immer wieder verwies er in seinen Ansprachen auf den Koranvers 49:13, in dem es heißt: «Ihr Menschen! Wir ... machten euch zu Völkern und zu Stämmen, damit ihr einander kennenlernt.»

Die hehren Ziele sind allerdings nicht überall im Alltag des Oman verwirklicht. In Oman herrscht Rechtspluralismus. Das bedeutet, dass die Scharia neben einem Zivilrecht existiert, jedoch für die Aufrechterhaltung vieler diskriminierender Regularien zentral bleibt. Der Islam ist Staatsreligion, aber das Gesetz verbietet religiöse Diskriminierungen und schützt das Recht aller Menschen, ihre Religion zu praktizieren. Der Sultan hat Kirchen und Hindu-Gemeinschaften zu diesem Zweck Land zum Bau von Gotteshäusern zur Verfügung gestellt. Die Konversion vom Islam in eine andere Religion ist nicht verboten, wird aber innerhalb der muslimischen Gemeinschaften nicht gern gesehen.[26] Missionstätigkeiten sind allerdings nicht erlaubt. Religionsfreiheit gilt ohnehin nur, solange sie nicht die öffentliche Ordnung stört oder der Moral zuwiderläuft. Mit dieser Einschränkung lässt sich vieles verbieten, wenn es politisch für opportun gehalten wird. Bei aller Toleranz sind empfindliche Einschränkungen von Freiheitsrechten evident. Religiöse Gemeinschaften werden streng vom Staat kontrolliert und reglementiert. Sie müssen sich vom «Ministerium für religiöse Angelegenheiten» registrieren lassen, wenn sie ihre Rechte in vollem Umfang wahrnehmen möchten. Dies schließt öffentliche religiöse Veranstaltungen ein. Unter staatlicher Aufsicht stehen übrigens auch die muslimischen Aktivitäten. Das Ministerium überwacht Predigten und verteilt selbst Texte an Imame, die für angemessen gehalten werden. Dadurch möchte man Extremismus jeglicher Form vorbeugen. Beleidigungen von Religionen werden strafrechtlich mit

bis zu zehn Jahren Gefängnis geahndet. Wie in anderen islamischen
Ländern lässt sich damit auch in Oman die politische Opposition
ausschalten. 2018 starb der Online-Aktivist Hassan al-Basham im
Gefängnis. Er war wegen Beleidigung des Sultans und der Verlet-
zung religiöser Werte zu einer Haftstrafe verurteilt worden.

Die Rechte der Frauen

Viele Autoren sind voll des Lobes über die Veränderungen der Rolle
der Frauen seit dem Amtsantritt von Sultan Qabus.[27] Frauen sind
zweifellos die Gewinnerinnen der staatlichen Bildungsoffensive.
Inzwischen machen mehr Studentinnen als Studenten ihren Stu-
dienabschluss.[28] Als Lehrkräfte im Bildungssystem sind Frauen
ebenfalls überrepräsentiert, wenngleich vor allem im Grundschul-
bereich.[29] Im Staatsdienst erhalten sie das gleiche Gehalt wie Männer und haben ein Anrecht auf bezahlten Mutterschaftsurlaub.
Viele Frauen arbeiten in eigenen Unternehmen, die staatlich bezu-
schusst werden. Allerdings ist die weibliche Erwerbsquote weitaus
geringer als die männliche, und auch im Parlament und in Regie-
rungspositionen oder in der höheren Verwaltung sind nur wenige
Frauen vertreten.[30] Man muss allerdings bedenken, dass allein der
Umstand, dass sie in politischen und administrativen Entschei-
dungsfunktionen tätig sind, ein absolutes Novum darstellt. Die No-
minierung von Frauen für Führungspositionen durch den Sultan
war ein radikaler Bruch mit überkommenen Konventionen und
auch mit einem traditionellen Islamverständnis.[31] Sultan Qabus betonte stets, dass aus islamischer Sicht nichts gegen die Erwerbstätig-
keit von Frauen spreche. Es solle keine Diskriminierung geben, und
Frauen sollten die gleichen Berufe, Titel und Einkommen erhalten
wie Männer.[32]

2005 ratifizierte der Sultan die UN-Frauenrechtserklärung mit
einigen Einschränkungen, die der Scharia geschuldet sind. Die Unterzeichnung war der Ausgangspunkt vieler neuer emanzipativer
Gesetze. Frauen haben seitdem rechtlich den gleichen Zugang zu

öffentlichen Positionen, sie dürfen Eigentum besitzen und erhalten staatliche Unterstützung, wenn sie mittellos sind. Der Umstand, dass sich Sultan Qabus für die Rechte der Frauen einsetzte, heißt allerdings nicht, dass dies allgemein akzeptiert wird. Scheich Said al-Kharusi, der die Position des Assistenten des obersten Geistlichen bekleidete, soll sinngemäß gesagt haben, dass Geschlechtergleichheit ein westliches Konzept sei, das zu Drogen, Alkohol und Ehebruch führe.[33] Damit konnte er sich der Zustimmung seines Vorgesetzten, des Mufti al-Khaili sicher sein, der betonte, dass Frauen ihren Ehemännern immer gehorchen sollten, außer jene forderten, eine Sünde zu begehen.[34] Wie in vielen islamisch geprägten Ländern bestimmen diskriminierende Normen vor allem das Personenstandsrecht. Ein Mann darf mehrere Frauen heiraten und muss seine erste Frau nicht einmal informieren, wenn er eine zweite ehelicht. Die Scheidung ist für Männer denkbar einfach, für Frauen dagegen schwer. Männer müssen nur dreimal «Ich verstoße dich» (*talaq*) sagen, um geschieden zu sein. Anders als Männer verlieren Frauen bei einer Scheidung zudem die Vormundschaft für ihre Kinder. Auch die Freizügigkeit von Frauen ist eingeschränkt. Zwar dürfen sie, anders als früher in Saudi-Arabien, Auto fahren, doch den Campus können sie als Studentinnen nur mit Einwilligung ihres *wali* verlassen.[35] *Wali* ist der arabische Begriff für einen männlichen Verwandten, der für den Schutz und die Kontrolle der Frau verantwortlich ist. Problematisch ist auch das Prinzip des *kafaʾa*. Es bedeutet, dass die Familie des Ehemannes mindestens den gleichen Stand haben muss wie die Familie seiner Frau. Das macht es möglich, gegen Ehen zu klagen, wenn die Familie des Ehemannes einen geringeren Status besitzt. Die Ehe kann dann sogar gerichtlich annulliert werden. Dahinter steht die Idee, dass eine Frau nicht unter ihrem Stand heiraten solle.

Oman hat 1996 die UN-Kinderrechtskonvention unterzeichnet und ihr entsprechend das Mindestheiratsalter auf achtzehn Jahre festgelegt. In ländlichen Gebieten liegt das Durchschnittsalter allerdings noch darunter, während es im gebildeten urbanen Milieu bereits bei über zwanzig Jahren liegt. Die Mehrheit der Ehen wird von Verwandten arrangiert, einer Studie zufolge sind 79 Prozent aller Ehen erzwungen.[36] Gravierende Veränderungen zeigt die Geburtenrate. 1960 lag sie bei 7,3 Kindern pro Frau und 1982 bei 8,4. Christine Eickelman, die zwischen 1979 und 1988 Forschungen in Oman durchführte, hat berichtet, dass sich ihre Gesprächspartnerinnen damit brüsteten, zwanzig Kinder zu bekommen.[37] Frauen empfanden Kinderreichtum als Stärke, bauten als Mütter ihre eigenen Netzwerke auf und konnten durch Rituale, die mit Geburt und Mutterschaft verbunden waren, ihren Status erhöhen. Offenbar hat sich diese Einstellung seitdem stark geändert. Seit 1982 sank die Geburtenrate bis zum Jahr 2005 in einer steilen Kurve auf drei Kinder pro Frau und stagniert seitdem.[38]

Insgesamt hat sich die Situation von Frauen deutlich verbessert, auch wenn sich in ländlichen Regionen im Binnenland traditionelle Werte länger halten als an der Küste, die schon in der Vergangenheit offener und moderner war. Dies liegt vor allem an tribalen Strukturen und an Vorstellungen von ethnischer oder familiärer Reinheit.[39] Sultan Qabus hat die weibliche Emanzipation zeit seines Lebens gefördert, aber auch verstanden, dass es nicht einfach ist, sich von den patriarchalischen Traditionen zu verabschieden. «Wir machen Fortschritte», sagte er, «aber leise. Langsam. Ich glaube an die Evolution.»[40]

Während der fünfzigjährigen Regierung des Sultans wurde die omanische Gesellschaft grundlegend modernisiert, und der omanische Islam wird nicht mehr mit dem Extremismus seiner Anfänge in Verbindung gebracht, sondern besitzt weltweit den Ruf einer toleranten Religion. Allerdings wäre es verfrüht zu prognostizieren, dass die erreichten Fortschritte beständig sind oder fortgeführt werden. Zwischen dem progressiven Sultan und der religiösen Elite herrschte nicht immer Einigkeit. Der Klerus hat seine Macht durch den Ausbau religiöser Institutionen gefestigt und erweitert und ist dadurch ein politischer Faktor geworden, den man nicht geringschätzen sollte. Sultan Qabus starb am 10. Januar 2020. Sein Nachfolger ist sein Cousin Haitham bin Tariq al-Said, der frühere Minister für «Erbe und nationale Kultur». Bei seinem Regierungsantritt versprach er, das Land im Sinne des Verstorbenen zu führen. Das wäre zu hoffen.

6. PAKISTAN

Zwischen Bordell und Schrein

Hijras sind biologische Männer mit einer weiblichen Identität, die in einer eigenen Subkultur mit strengen Regeln leben. In Pakistan glauben viele Muslime, dass sie eine besondere Beziehung zum Göttlichen besitzen, weil sie außerhalb der binären Geschlechterordnung stehen. Sie können segnen und verfluchen, inszenieren sich auf Familienfesten als obszöne Spaßmacher und haben ihre Refugien gleichermaßen in Bordellen wie in Schreinen. Eines ihrer bekanntesten Heiligtümer ist das Grab des Imam Bari in Islamabad, das bereits das Ziel eines verheerenden Angriffs islamischer Terroristen war.

Tänzerinnen, Bettlerinnen, Prostituierte

Im Urdu nennt man sie *hijra*, in Punjab *khusra*, in Belutschistan *bugga*. Andere Bezeichnungen sind *khwaja-sara* oder *zenana* und im modernen Duktus der internationalen Debatte um sexuelle Identitäten werden die Begriffe *she-male*, *transgender* oder «drittes Geschlecht» verwendet.[1] *Hijras* selbst sprechen davon, dass sie *wie* Frauen sind: dass sie *wie* Frauen fühlen, sich *wie* Frauen kleiden, *wie* Frauen sprechen und *wie* Frauen Männer begehren, aber anders *als* Frauen keine Kinder gebären. Sie wurden als Jungen geboren, sagen sie, aber von Gott mit einer weiblichen Seele ausgestattet.[2] *Hijras* bemühen sich, einem femininen Idealbild zu entsprechen und legen großen Wert auf ein attraktives Äußeres. Wer es sich leisten kann, nimmt Östrogene, lässt weibliche Rundungen mit Hilfe von Silikoninjektionen nachbilden oder unterzieht sich einer Geschlechtsumwandlung. Früher waren Kastrationen ein übliches Verfahren, um den Körper weniger männlich aussehen zu lassen, und auch heute noch lassen sich *hijras*, denen es an finanziellen Ressourcen fehlt, Penis und Skrotum mit einfachen Mitteln entfernen.

Pakistan ist ein islamischer Staat, der von patriarchalischen Traditionen und den Moralvorstellungen eines fundamentalistischen Islams geprägt ist. Immer wieder kommt es zu Morden an Menschen, die den strengen Sittenkodex missachten, der durch die Kultur und die Religion gleichermaßen vorgegeben wird. Daher ist das Phänomen *hijra*, das allem zu widersprechen scheint, was als gut und richtig empfunden wird, erklärungsbedürftig, zumal *hijras* keineswegs unsichtbar, sondern fast omnipräsent sind. Schrill aufgemacht ziehen sie in Gruppen durch die Straßen, und einige von ihnen sind mittlerweile Medienstars, werden in große TV-Shows und öffentliche Diskussionsrunden eingeladen. Ja, selbst in den abgeschotteten familiären Innenräumen der Gesellschaft bewegen sie sich mit großer Selbstverständlichkeit. Ihre phänomenologische Uneindeutigkeit und das Prekäre ihrer Existenz werden nämlich nicht nur in der Kategorie des Ausgeschlossenen, sondern auch in der des Heiligen wahrgenommen.

Hijras werden besondere Kräfte zugesprochen, die man gleichermaßen fürchtet wie schätzt. Dies privilegiert sie, bei wichtigen Ereignissen innerhalb der Familien eine Rolle zu spielen, und so erscheinen sie, wenn eine Hochzeit gefeiert oder ein Knabe geboren wird. Gerne lassen sie sich einladen, aber sie kommen auch dann, wenn man sie nicht dabeihaben möchte. Ihr Auftreten ist stets spektakulär. Sie tragen bunte Gewänder, auffälligen Schmuck und sind ungewöhnlich stark geschminkt. Wie Paradiesvögel bewegen sie sich in den schlichten Wohnungen ihrer Klientel, necken hier und fordern dort zum Mitmachen heraus. Sie ziehen widerstrebende Männer von Matten oder Stühlen, herzen und umarmen die Verschämten und versuchen sie zu Tanzschritten zu animieren. Sie selbst bewegen sich lasziv, lassen die Hüften kreisen, schütteln ihre langen Mähnen und klatschen immer wieder rhythmisch in die

Eine *hijra* besucht im Rahmen eines Wahlkampfes eine
Eunuchen-Moschee im pakistanischen Gujrat.

Hände. Ihre Auftritte sind unterhaltsam, gehen aber nicht selten an
die Grenze dessen, was als schicklich empfunden wird. Dabei ist die
ganze Angelegenheit nicht nur ein Spaß. Wenn sie wollen, dann
segnen die *hijras* ein junges Paar oder ein Neugeborenes, verspre-
chen Fruchtbarkeit, Gesundheit und ein glückliches Leben. Die eigene Unfruchtbarkeit wird im Ritual zu einer generativen sakralen
Potenz. *Hijras* können zwar selbst nicht gebären, aber sie können
dafür sorgen, dass Frauen schwanger werden und Kinder gedeihen.
Der Segen ist allerdings nicht kostenlos, stets fordern sie ein Almosen (*badhai*) als Gegenleistung. Wenn sie nichts erhalten oder mit
dem Betrag unzufrieden sind, verfluchen sie die Knauserigen oder
entblößen ihre Genitalien, was eine ähnlich verheerende Wirkung
haben soll.[3]

Da es sich allein von Hochzeiten und Geburten nicht leben lässt, sammeln die *hijras* auch in deutlich profaneren Kontexten Spenden ein. Sie stehen an Straßenkreuzungen oder dort, wo sich der Verkehr staut, gehen von Auto zu Auto, klopfen an die Scheiben und verlangen einige Scheine. Wer sich weigert, wird schon mal rüde beschimpft oder auch handgreiflich bedrängt. Wenn es sich anbietet, tauscht man Telefonnummern aus, denn *hijras* arbeiten mehrheitlich auch als Prostituierte. Es ist diese Tätigkeit in einem moralisch abgewerteten und sozial verdeckten Bereich, für den sie in Pakistan bekannt sind. In den sozialen Medien hat sich eine Pornoindustrie herausgebildet, die speziell auf *hijras* abzielt und es möglich macht, Anbieter und Kunden sexueller Dienstleistungen unkompliziert miteinander zu verbinden. Manchmal entstehen langjährige Liebesverhältnisse zwischen *hijras* und ihren Kunden, die erst dann enden, wenn die Männer verheiratet werden. Die Angst vor einem Verlust des Partners und die Verzweiflung darüber, nur *wie* eine Frau zu sein, körperlich letztendlich – vor allem im Hinblick auf die mangelnde Gebärfähigkeit – aber nicht *als* echte Frau anerkannt zu werden, ist immer wieder ein Thema in Interviews und filmischen Dokumentationen.[4]

Ein anderes Thema sind die vielfältigen Benachteiligungen, die aus den Vorurteilen der Gesellschaft erwachsen. Ihre Diskriminierungen, schreibt der Ethnologe Muhammad Ali Awan, seien so umfassend, dass ihnen teilweise der Zugang zu öffentlichen Verkehrsmitteln, zu medizinischer Behandlung oder zu Dienstleistungen von Banken verweigert werde. Zusätzlich zu Beleidigungen und Ausschlüssen erleiden *hijras* körperliche und psychische Gewalt und werden nicht selten sexuell missbraucht. Pakistan hat sich verpflichtet, die Menschenrechte unabhängig von der sexuellen Identität einer Person durchzusetzen. Die Regierung ist daher gehalten, Maßnahmen gegen Diskriminierung und Gewalt zu entwickeln. Andererseits ist die Sexualität zwischen einer *hijra* und einem Mann nach islamischem Recht verboten, und dieses Recht gilt ebenso wie die Menschenrechtsagenda. Aktivisten haben immer wieder auf diese Inkongruenzen innerhalb des pakistanischen Rechtspluralismus hingewiesen und 2009 einen Erfolg errungen. *Hijras* sind jetzt offiziell als «drittes Geschlecht» anerkannt und können ihr Geschlecht unter der Kategorie E wie Eunuch im Pass eintragen lassen.

Sufistische Heiligtümer als Freiräume

Weniger bekannt als die Kämpfe gegen die Diskriminierung von *hijras* ist die Einbettung des Phänomens in den pakistanischen Volksislam beziehungsweise in eine sufistische Subkultur, die vielerorts von großer Bedeutung ist. Zur Zeit der Staatsgründung war Pakistan von einem Ringen zwischen säkularen und islamistischen politischen Kräften gekennzeichnet, bei der sich Letztere schließlich durchsetzten. Seit 1956 ist das Land eine islamische Republik und spätestens seit sich Zia ul-Haq im Jahr 1977 an die Macht putschte, begann die schrittweise Errichtung einer islamischen Rechtsordnung. 96 Prozent der 223 Millionen Einwohner sind Muslime; der Anteil der Christen und Hindus beträgt jeweils weniger als 2 Prozent. Die Mehrheit der Muslime gehört dem sunnitischen Islam an, etwa 15 Prozent sind Schiiten. 30 Prozent aller sunnitischen Muslime stehen in der Tradition der Deobandi-Schule, aus der die Taliban und die international tätige Missionsbewegung «Tablighi Jamaat» hervorgegangen sind.[5] Die Mehrheit der Sunniten jedoch, etwa 70 Prozent, wird der Barelwi-Bewegung zugerechnet. Es handelt sich dabei um einen sufistischen Volksislam, der auf Heiligenverehrung, Gräberkulten und expressiver Spiritualität basiert, gleichzeitig aber durch das aggressive Einfordern islamistischer Rechtsvorstellungen unrühmlich in Erscheinung getreten ist.[6] Barelwis wollten in der jüngsten Vergangenheit stets die Todesstrafe für Blasphemie erzwingen und sind für einige Morde sowie etliche gewaltsame Ausschreitungen verantwortlich, die sich nach Skandalen um Mohammed-Karikaturen in Europa regelmäßig ereigneten. Der Islamwissenschaftler Thomas Gugler bezeichnet sie als «neue religiöse Rechte» und vergleicht sie mit radikalen evangelikalen Bewegungen.[7]

Trotz dieser wenig toleranten Ausrichtung bieten die Barelwis *hijras* einen Schutzraum, in dem sie anerkannt werden. 2016 verkündeten fünfzig hohe Gelehrte der Bewegung in einem Rechtsgutachten, dass die Ehe eines Mannes mit einer *hijra* legitim sei. Sie bezogen sich dabei explizit auf die Identität und nicht auf die Körperlichkeit. Darüber hinaus hätten Transgender die gleichen Rechte wie andere Personen, so dass ihnen beispielsweise nicht der Pflichtteil ihres Erbes verweigert werden dürfe. Da Gott, der Allmächtige, sie ebenso wie andere Menschen erschaffen habe, sei es zudem verboten, sich über sie lustig zu machen oder sie schlecht zu behandeln.[8] Diese Solidarität mit den *hijras* passt zu dem Verhältnis, das sufistische Orden zu den Marginalisierten der pakistanischen Gesellschaft unterhalten. Oft sind es nämlich die sozial Ausgeschlossenen, die eine besondere Nähe zu den Heiligengräbern verspüren und Aufgaben im Umfeld kultischer Handlungen übernehmen. *Hijras* selbst verstehen sich im religiösen Kontext als Asketen, und ihre Art des Tanzens und Singens ist anschlussfähig an Sufi-Rituale.[9] Das wird durch den Umstand erleichtert, dass es in sufistischen Heiligtümern laut und bunt zugeht, dass die Gläubigen Instrumente spielen, singen und sich rhythmisch bewegen.

Ein Beispiel ist das Grab des Imam Bari (1617–1705), der als Schutzheiliger von Islamabad gilt. Jedes Jahr werden dort anlässlich seines Todestages Zeremonien durchgeführt. Die Teilnehmer bewegen sich in langen Prozessionen zum geschmückten Heiligtum und kommen selbst aus dem 190 Kilometer entfernten Peschawar zu Fuß. Die *hijras* tragen mit Henna, buntem Papier und Lichtern zur Zeremonie bei. Die Festlichkeiten selbst haben einen fröhlichen und ausgelassenen Charakter. Es wird gesungen und getanzt, man erlaubt sich Obszönitäten und konsumiert Haschisch. Die *hijras* singen, klatschen und lassen die Hüften kreisen, wie sie es auch bei Hochzeiten tun. Sie sind davon überzeugt, dass dies ihre Art des Gottesdienstes ist, dass der Imam ihnen diese Rolle zugewiesen hat und dass ihre Auftritte ihnen helfen, die Gnade Gottes zu erwirken. Dabei sprengen sie die üblichen Kategorien von Sakralität und irritieren sogar pakistanische Kulturwissenschaftler. Nachzulesen ist dies sehr unterhaltsam in einem Aufsatz von Muhammad Azam Chaudhary über eine rituelle Performance (*mujra*) in einem Schrein. Im Mittelpunkt der Zeremonie befand sich ein Heiliger (*pir*). Der Wissenschaftler war befremdet, weil der Heilige ihm sehr weltlich erschien. Auch die Lieder, die von seinen Anhängerinnen vorgetragen wurden, verunsicherten ihn, da sie triviale Nachahmungen von Songs aus indischen und pakistanischen Filmen waren. Auf diese Einwände des Wissenschaftlers angesprochen, gab sich der Heilige entspannt und entgegnete, es sei alles eine Frage der Perspektive.

Die bunte Anhängerschar von Imam Bari verbindet miteinander, so Chaudhary, dass sie am Rande der Gesellschaft stehen, ohne dafür eine persönliche Schuld zu tragen und ohne dies ändern zu können. Der Heilige könne ihre Lage nicht verbessern, aber er gebe ihnen Nahrung, Hoffnung auf Erlösung im Jenseits und das Gefühl, zu einer Gemeinschaft zu gehören.[10] Auch Imam Bari war ein Außenseiter. Über ihn wird erzählt, er sei ein Asket gewesen, der sich von den Menschen zurückgezogen und stattdessen Wälder und abgelegene Gegenden durchstreift habe. Nach seinem Tod sei er an einem Ort begraben worden, der mit Dieben und Ausgestoßenen in Verbindung gebracht worden sei.

Auch andere Heiligenschreine werden von Menschen aufgesucht, die unterprivilegiert und marginalisiert sind. Es sind Arme, Angehörige ethnischer Minderheiten, Frauen, Prostituierte oder *hijras*. Sie suchen Hilfe, weil sie krank oder unfruchtbar sind oder weil sie glauben, von einem *jinn* besessen zu sein. Wenn sie Heilung erfahren und ihre Wünsche in Erfüllung gehen, dann kann es sein, dass sie ihrer Freude in Tänzen Ausdruck verleihen, die nicht weniger weltlich sind als die erotischen Performances der *hijras* im säkularen Alltag.

Die unorthodoxe Variante des Islams, für die die *hijras* stehen, ist genauso wenig ein modernes Phänomen wie die ekstatischen Riten an Heiligengräbern. Chaudhary zitiert die Geschichten berühmter Heiliger der Vergangenheit, die ihr Leben in der Gemeinschaft von Prostituierten und Tänzerinnen verbrachten und Drogen jeglicher Art konsumierten. Schon immer zeigten sich die Vertreter der Orthodoxie davon befremdet, und nicht selten wurde nach dem Tod der Asketen darüber diskutiert, ob man sie auf einem gewöhnlichen Friedhof beisetzen könne. Zu elementar hatten sie gegen die Grundsätze des orthodoxen Islams verstoßen.[11] Für die Vertreter des islamischen Fundamentalismus sind die Orte volkstümlicher Frömmigkeit ein Ärgernis. Sie kritisieren, dass alles auf reinem Aberglauben basiere und es mit der Moral auch nicht zum Besten stehe. Aus diesem Grund wurden viele große Schreine seit 1959 mit der erklärten Absicht unter staatliche Kontrolle gebracht, dort eine Lehre zu implementieren, die eher dem orthodoxen Mainstream entspricht.[12] Radikaleren Kräften sind solche Interventionen nicht genug. Sie gehen immer wieder mit Gewalt gegen die verhassten Abweichler vor. Auch der Schrein des Imam Bari war bereits von diesem Furor betroffen. 2005 verübten Islamisten einen Anschlag auf das Heiligtum, bei dem zwanzig Menschen starben und Dutzende zum Teil schwer verletzt wurden.

Die Gemeinschaft der *hijras*

Trotz ihrer Anbindung an sufistische Schreine und einer mittlerweile breiten Debatte um die Rechte sexueller Minderheiten bleiben *hijras* marginalisiert. Zu starr sind die Vorstellungen davon, was männlich und weiblich ist, was als akzeptabel gilt und was nicht geduldet werden kann. Die pakistanische Gesellschaft ist noch immer patriarchalisch organisiert. Zwar gibt es Unternehmerinnen, berufstätige Akademikerinnen und eine Frauenquote für das Parlament, doch davon profitieren nur die gebildeten und wohlhabenden Schichten. Die Mehrheit der Bevölkerung lebt in Armut. 2017 waren 59,1 Prozent der Menschen des Lesens und Schreibens nicht mächtig und 64,3 Prozent der erwachsenen Frauen Analphabetinnen.[13] 45 Prozent der Bevölkerung gelten als arm, weil sie weniger als zwei Dollar am Tag zur Verfügung haben.[14] Im Gender-Ranking des World Economic Forum ist Pakistan auf dem zweitschlechtesten Platz.[15] Das Leben in den Dörfern und den städtischen Slums ist von der Not zu überleben geprägt, aber auch von Vorstellungen männlicher Dominanz. Die Ehre einer Familie ist an konformes Verhalten ihrer Mitglieder gebunden, und das bedeutet zuallererst eine strikte Segregation der Geschlechter. Straßenszenen in den Städten sind ausschließlich männlich geprägt. Frauen sind im öffentlichen Raum kaum vorhanden. Hinzu kommt, dass Frauen und Mädchen in starkem Maße sexuell tabuisiert werden. Schon ein Gespräch oder ein Lächeln ist verdächtig und gibt Anlass zu Gerüchten. Liebesverhältnisse sind nahezu unmöglich. Gleichzeitig wachsen Jungen und Männer mit der Vorstellung auf, dass Männlichkeit nicht von einer virilen Sexualität zu trennen ist. Die Überzeugung, sich als Mann durch ein phallisches Begehren zu definieren und seinem Sexualtrieb ausgeliefert zu sein, kollidiert mit der Unmöglichkeit, Sexualität mit einer Frau zu leben, solange man nicht verheiratet ist. Die Lösung besteht für viele darin, Sex mit einem präpubertären Knaben zu haben. In einem Dokumentarfilm über den Missbrauch männlicher Kinder konfrontierten die Filmemacher den derzeitigen Premierminister Imran Khan mit ihren Forschungsergebnissen. Dieser versprach eine *task force*,[16] doch passiert ist nichts.

Nicht jeder missbrauchte Junge wird eine *hijra*, aber viele *hijras* wurden als Kinder missbraucht. Anderen fehlte schlicht die Begeisterung für einen maskulinen Habitus. Ein Junge, der als weiblich konnotierte Verhaltensweisen zeigt oder mit Mädchen spielt, läuft bereits Gefahr, als Mädchen identifiziert zu werden.[17] Nicht männlich genug zu sein, ist ein Verdacht, der Diskriminierung und oft genug auch sexuellen Missbrauch nach sich zieht. Viele *hijras* verlassen ihre Familien bereits in jugendlichem Alter und suchen in der Stadt ihr Glück, wenn sie entdecken, dass sie den Anforderungen ihrer Umgebung in Bezug auf gender-konformes Verhalten nicht genügen können. Hier finden sie Anschluss an etablierte *hijra*-Gemeinschaften. Diese beruhen auf einem System fiktiver Verwandtschaft. An der Spitze steht eine ältere *hijra*, die *guru* genannt wird und eine mütterliche Position einnimmt. Alle anderen werden *cheelas* genannt, was Kinder oder Schülerinnen bedeutet. Ein *guru* und ihre *cheelas* leben zusammen in einem Haushalt wie eine Familie. Das Zusammenleben ist streng hierarchisch geregelt, mit einer schmalen Grenze zwischen Unterstützung und Ausbeutung. Die Mitglieder wirtschaften gemeinsam und verdienen ihren Lebensunterhalt mit Prostitution, Tanz und ritualisiertem Betteln. Diejenigen, die in der Position der *gurus* sind, erwarten einen Anteil an den erwirtschafteten Geldern ihrer *cheelas*, und nicht selten gibt es konkrete Vorgaben, wie viel Geld eingebracht werden soll.

Das Weibliche im Männlichen

Das Phänomen der *hijras* findet sich in nahezu identischer Form als soziale Institution auch in hinduistischen Kontexten in Indien.[18] Auch hier leben Gemeinschaften männlicher Transgender, die als *hijras* bezeichnet werden, davon, dass sie Neugeborene und Brautpaare segnen, betteln, sich prostituieren oder an religiösen Orten rituelle Tätigkeiten übernehmen. Offensichtlich handelt es sich um ein südasiatisches Phänomen, das religionsunabhängig ist, aber von muslimischer und hinduistischer Seite religiös gedeutet und vereinnahmt wird. Hinweise auf ambivalente Geschlechtlichkeit und männliche Kastration finden sich in vedischen Texten und im Mahabharata, dem bekanntesten hinduistischen Epos.[19] Einer der Helden des Mahabharata ist Arjuna, der sich als Kämpfer einen Namen machte und einen Prototyp kriegerischer Männlichkeit darstellt. In einer Episode wird jedoch erzählt, er habe ein Jahr lang unerkannt als vermeintlicher Eunuch gelebt, Frauenkleider und weiblichen Schmuck getragen und Frauen im Gesang und Tanz unterrichtet. Der Gott Shiva hingegen soll sich selbst entmannt haben, um der

Welt seine Fruchtbarkeit zu schenken.[20] Ursprünglich, so heißt es, waren *hijras* Anhänger eines Kultes um die Göttin Bahuchara Mata. Bei der Initiation wurden sie kastriert und opferten der Göttin ihr Geschlechtsteil, das unter einem Baum begraben werden musste.[21] Durch diese Handlungen konnten sie *shakti* erwerben, eine weibliche Urkraft, die das Universum seit seinem Bestehen durchdrungen haben soll. Der Verzicht auf das Männliche ist in diesem Zusammenhang also gleichbedeutend mit dem Erwerb einer besonderen Kraft, die zum Segen der Gesellschaft eingesetzt werden kann. Das Motiv des kastrierten oder sich selbst kastrierenden Gottes ist im Hinduismus mythologisch verankert, in der islamischen theologischen Tradition hingegen nicht. Man kann daher davon ausgehen, dass hinduistische Deutungsmuster vom indischen und pakistanischen Islam übernommen wurden.

Ähnliches gilt auch für die Sakralität des sexuell Unbestimmten. Auch Menschen, die wir heute als Intersexuelle bezeichnen, sind in Indien *hijras*, allerdings *hijras* von Geburt an, womit ein anderer Status verbunden ist. Es wird erzählt, dass *hijras* bei den Besuchen von Familien, in denen ein Knabe geboren wurde, nach intersexuellen Kindern Ausschau halten, um sie mitzunehmen und in ihrer Gemeinschaft aufzuziehen. Wenngleich mir keine Belege dafür bekannt sind, ist doch nicht von der Hand zu weisen, dass allein die Vorstellung, dass spirituelle Potenz an deviante Körperlichkeit gebunden sein könnte, einen besonderen Aspekt des Heiligen sichtbar macht. Es ist der Glaube an die Macht des Ambivalenten und Grenzüberschreitenden, der mit dem Göttlichen assoziiert wird. Im Islam besetzen einige der sufistischen Bruderschaften, die Wanderderwische, Fakire und Asketen diesen Bereich. Hier werden Haschisch und Alkohol konsumiert, sind Obszönität und andere Regelbrüche erlaubt und die Grenzen der Geschlechterordnung weniger strikt.[22] Teilweise sind Frauen in die Kulte eingebunden, teilweise wird die Kraft des Weiblichen durch *hijras* substituiert oder transzendiert.[23] Sowohl in hinduistischen als auch in muslimischen Gesellschaften wird durch die *hijras* das Weibliche repräsentiert, das die religiösen Normen ansonsten ausschließen. Die religiös begründeten Vorstellungen von Ehre und Scham, Reinheit und Unreinheit führen im Alltag zur Trennung von Männern und Frauen. Im Phänomen der *hijras* werden die getrennten Welten wieder zusammengeführt.

Spiritualität ist jedoch nur eine Ebene des Phänomens. Historisch lassen sich Eunuchen mit weiblichem Aussehen und Verhalten bis zu den hinduistischen Fürstenhöfen des 2. Jahrhunderts sowie zu den Sultanaten des Mogulreiches zurückverfolgen. Dort waren ihre Aufgaben denkbar profan. Sie beaufsichtigten die Frauengemächer und dienten als Ratgeber. Als «Vertraute des Herrschers» und «Meister des Palastes» bezeichnete man sie.[24] Homosexualität war kein Tabu, sondern Gegenstand höfischer Literatur und Kunst, nicht nur auf dem indischen Subkontinent.[25] Von mehreren Rechtsgelehrten der islamischen Geschichte ist überliefert, dass sie das homosexuelle Begehren gerade deshalb zu unterbinden suchten, weil es als allgegenwärtig angenommen wurde. Mohammeds Schwiegersohn Ali soll gesagt haben, dass ernste demographische Konsequenzen zu befürchten seien, wenn man Päderastie gestatte, da sich das Begehren der Männer primär auf ihresgleichen richte.[26] Vielleicht weist der Koranvers 52:24 in eine ähnliche Richtung, der dem Gläubigen im Paradies neben den bekannten schwarzäugigen Jungfrauen auch schöne Jünglinge verspricht. Gewiss prägte vor allem die Doppelmoral die islamische Geschichte. Islamische Gelehrte, die Homosexualität in ihren Texten verdammten, traten gleichzeitig als Autoren homoerotischer Poesie hervor.[27]

Gelebte Homosexualität ist in der islamischen Welt nicht nur mit Transsexualität und Travestie verknüpft. Explizit päderastisch ist das sogenannte «Knabenspiel» (*baccha baazi*), das einst in ganz Zentralasien verbreitet war und gegenwärtig noch in Afghanistan praktiziert wird.[28] Präpubertäre Knaben werden dabei von ihren Eltern an erwachsene Männer verkauft oder stellen sich aus eigenen Stücken für bezahlte sexuelle Aktivitäten zur Verfügung. Ähnlich wie die *hijras* singen und tanzen sie in weiblicher Kleidung – allerdings ausschließlich vor Männern. Mit Erreichen der Geschlechtsreife werden diese Verhältnisse beendet. Dieser Missbrauch männlicher Kinder ist seit hundert Jahren verboten, doch die Praxis besteht weiterhin. Wenn die Männer Warlords sind oder aus einflussreichen Familien kommen, sind sie vor Strafverfolgung sicher.[29]

Dritte Geschlechter im Sinne einer dauerhaften Transgender-Identität können für viele muslimische Gesellschaften nachgewiesen werden. Ein Beispiel sind die *xanith* im traditionellen Oman, die in mancherlei Hinsicht ein soziales Feld zwischen dem Männlichen und dem Weiblichen besetzen. Sie tragen eine Kombination aus Kleidungsstücken, die entweder Männern oder Frauen zugeordnet werden, und ihr Haar ist weder kurz wie das der Männer noch lang wie das der Frauen. Weder Haare noch das Gesicht sind verhüllt. So wird eine Verwechslung mit Frauen ausgeschlossen. Andere Elemente der Selbstinszenierung sind jedoch mimetische Kopien eines weiblichen Stereotyps. *Xanith* schminken sich stark, sprechen mit hoher Stimmlage, bewegen sich grazil und haben ausschließlich Sex mit Männern. Dabei nehmen sie immer den passiven, das heißt den weiblich konnotierten Part ein. Dass *xanith* weder als weiblich noch als männlich wahrgenommen werden, verdeutlichen einige Privilegien, die man Frauen nicht zugesteht. Während Frauen weitgehend auf den häuslichen Bereich beschränkt sind, bewegen sich *xanith* auch im öffentlichen Raum, suchen sich ihre Liebhaber selbst aus und erwerben ein eigenes Einkommen.[30] Anders als *hijras* sind *xanith* jedoch nicht auf die Rolle eines devianten Dritten festgelegt. Sie können jederzeit aus dem «Dritten» aussteigen, heiraten und als Männer leben.

Das Phänomen der *hijras* lässt sich nur im Zusammenhang mit rigiden patriarchalischen Geschlechterordnungen verstehen. Diese Ordnungen beruhen darauf, dass es zwei eindeutig voneinander getrennte Geschlechter geben muss. *Hijras* sprengen diese Vorstellungen. Sie unterliegen nicht den Geboten der Reinheit, die Frauen einschränken, und Sex mit ihnen wird nicht als Homosexualität diffamiert. Sie bewegen sich an den Grenzen des islamisch Erlaubten und sind gleichzeitig deren geduldete Überschreitung. In Pakistan profitieren sie zusätzlich von einer Kategorie des Heiligen, die durch Normabweichung und Randständigkeit definiert wird.

7. USA

Gefährliche Reformen

Aufgrund der repressiven Verhältnisse in der islamisch geprägten Welt verließen im 20. Jahrhundert viele muslimische Gelehrte und Aktivisten ihre Heimatländer. In Europa und in den USA nahm man sie mit offenen Armen auf. Etliche von ihnen erhielten Professuren an Universitäten, die exzellente Bedingungen für die Entwicklung progressiver Theologien boten, andere organisierten sich in liberalen Vereinigungen. Es ist gewissermaßen eine Ironie der Geschichte, dass der Teil der Welt, der am stärksten für Säkularität und Religionsferne steht, in den vergangenen Jahren zu einem Labor für die Entwicklung eines modernen Islams geworden ist. Eines seiner Zentren befindet sich in Los Angeles.

Die lange Tradition des progressiven Islams

In öffentlichen Debatten wird gerne behauptet, der Islam brauche eine Aufklärung, um in der Moderne anzukommen. Die dahinterstehende Vorstellung einer in dunkler Vergangenheit verharrenden Religion entbehrt allerdings jeder Grundlage. In der islamischen Geistesgeschichte gab es immer wieder Strömungen, die die Willensfreiheit des Einzelnen betonten. Islamische Gelehrte rezipierten antike Philosophie und Wissenschaft und stellten das Prinzip des vernunftgeleiteten Nachdenkens über die wortwörtliche Befolgung vermeintlicher göttlicher Handlungsanweisungen.[1] Eine regelrechte Blüte reformorientierter islamischer Theologien lässt sich seit der Mitte des 20. Jahrhunderts feststellen. Einige der wichtigsten Denker des gegenwärtigen progressiven Islams sollen hier kurz vorgestellt werden.

Einer von ihnen war der in Pakistan geborene Gelehrte Fazlur Rahman (1919–1988). Er wollte den Koran nicht als Gesetzbuch verstanden wissen, dem man Handlungsanleitungen für den Alltag entnehmen könne. Vielmehr handele es sich um ein Werk, in dem universelle ethische Prinzipien zwar angelegt, aber nicht ausbuchstabiert seien. Man müsse die in ihm enthaltene Botschaft erst einmal deuten und die Adressaten in ihrem historischen Kontext sehen, um Schlüsse für die Gegenwart zu ziehen. Ein Beispiel ist für ihn die Polygynie, die im Koran zwar erlaubt werde, weil im 7. Jahrhundert niemand eine vollständige Abkehr von dieser Sitte akzeptiert hätte, doch sei die Praxis an genau definierte Bedingungen gebunden. Ein Mann müsse alle seine Frauen gleichermaßen gerecht behandeln, und wenn er dies nicht könne – was der Koran bereits andeute –, dann solle er nur eine Frau heiraten. Implizit, so Rahman, empfehle der Koran also die Monogamie, wenngleich im Text selbst die Polygynie gestattet werde.[2] Um diese Botschaft des Korans zu erkennen, bedürfe es der Wissenschaft, der Vernunft und einer kritischen Exegese der Texte. Es verwundert nicht, dass Rahmans Thesen von pakistanischen Fundamentalisten als Häresie abgelehnt wurden. Er wurde gezwungen, seinen Posten als Direktor eines islamischen Forschungsinstituts aufzugeben, und verließ nach etlichen Morddrohungen schließlich zusammen mit seiner Familie das Land. 1969 erhielt er eine Professur an der Universität von Chicago und konnte dort ungehindert und in Freiheit weiterarbeiten. Seine Ideen wurden von Studenten aus vielen Ländern aufgegriffen, zurück in deren Heimat getragen und förderten so die Entwicklung liberaler Strömungen vor allem an den Peripherien der islamischen Welt.

Ein anderer Reformtheologe, Mahmud Muhammad Taha (1909–1985) aus dem Sudan, wurde ebenfalls vom religiös-politischen Establishment seines Landes verfolgt. Er wagte es, die ewige Gültigkeit des Korans in Frage zu stellen, und bewertete die koranischen

Amina Wadud bei ihrer Predigt vor einer gemischtgeschlechtlichen
Gemeinde am 18. März 2005 in New York

Verse, die in Mekka entstanden waren, anders als die, die auf Mohammeds Zeit in Medina zurückgehen. In Medina wirkte Mohammed als politischer Führer, führte Kriege und heiratete mehrere
Frauen. Die Verse, die in dieser Periode entstanden, kommentier-
ten Mohammeds Entscheidungen und legitimieren Gewalt, Antisemitismus und die Diskriminierung von Frauen. Sie seien, so Taha,

ausschließlich zeitgebunden und für die Gegenwart untauglich. Nur mekkanischen Versen sprach er eine universelle Bedeutung zu. Nur sie verkörperten für ihn die zeitlose Ethik des Islams. Wie Faz-lur Rahman glaubte Taha, dass der Koran eine Befreiungsbotschaft enthalte, die allerdings erst nach einer sorgfältigen Exegese zum Vorschein käme. Diese Botschaft umfasste seiner Meinung nach auch die vollständige Gleichheit zwischen Männern und Frauen.[3] Taha lehnte die Scharia ab und kämpfte zeitlebens für einen säku-laren Staat. Dafür wurde er immer wieder verfolgt, verhaftet und zu Gefängnisstrafen verurteilt. 1985 verhängte ein Gericht wegen des Vorwurfs der Apostasie die Todesstrafe gegen ihn, und er wurde in aller Öffentlichkeit gehenkt, obwohl nach der Strafprozessordnung keine Hinrichtung von Personen statthaft waren, die das siebzigste Lebensjahr überschritten hatten. Taha war sechsundsiebzig Jahre alt.

Mehrere reformorientierte Intellektuelle stammten aus Nord-afrika und wirkten an französischen Universitäten. Einer von ihnen war Mohammed Arkoun (1928–2010) aus dem ländlichen Algerien. Er studierte in Algier und Paris und lehrte dreißig Jahre lang mus-limische Ideengeschichte an der Sorbonne. Arkoun hinterfragte konservative Dogmen und votierte für eine Trennung von Religion und Politik. Den islamischen Gelehrten der Gegenwart warf er geis-tige Trägheit und wissenschaftliche Stagnation vor. Sie trügen dazu bei, dass die islamische Welt in Rückständigkeit verharre und sich Extremismen herausbildeten.[4] Sein wichtigstes Werk ist die *Kritik der islamischen Vernunft*, in dem er die Vereindeutigung religiöser Texte aus dem Koran und den islamischen Überlieferungen zu-rückweist, da sie den Islam auf ein Werkzeug der Machtausübung reduzierten.[5] Die symbolischen und mythischen Dimensionen würden dadurch eingeebnet und in Dogmatik und Normenlehren überführt. Arkoun sieht den Islam als kulturräumlich verortete Komposition von Ideen, die sich aus dem Imaginären speisen. Die Schriften allein böten keine ausreichende Grundlage für das Ver-ständnis des Islams, wenn man die kulturellen Traditionen, in die sie eingebettet sind, außer Acht lasse.[6] Er forderte ein grundsätzlich historisch-kritisches Verständnis der Quellen des Glaubens und kritisierte die Politisierung der Botschaft des Korans. Die missbräuchliche Nutzung der Religion durch die Politik könne nur durch eine vollständige Trennung von Religion und Staat erreicht werden.

Der in Deutschland bekannteste Reformtheologe war Nasr Hamid Abu Zaid (1943–2010) aus Ägypten. Wie Fazlur Rahman wollte er die historischen Kontexte bei der Koranauslegung berücksichtigt wissen. Der Koran, meinte Abu Zaid, sei so geschrieben, dass die Araber des 7. Jahrhunderts ihn verstehen konnten. Manches sei spezifisch auf die damalige Zeit zugeschnitten. Wenn heutige Muslime diese Aspekte des Korans als universell gültig interpretierten, dann verdrehten sie die göttliche Botschaft, die jenseits historischer Kontexte angesiedelt sei.[7] Es sei daher notwendig, den Koran und die prophetischen Überlieferungen «vor dem Hintergrund des Kontextes, in dem sie entstanden sind, zu analysieren und zu interpretieren».[8] Jegliche Interpretation sei aber menschlich und könne daher auch manipulativ genutzt werden. Wenn das religiöse Denken von den Beeinflussungen der Mächtigen befreit werden wolle, dann müsse eine «offene, demokratische und humanistische Form der Hermeneutik» entwickelt werden.[9]

Abu Zaid wurde in seiner Heimat vorgeworfen, vom wahren Glauben abgefallen zu sein, da seine kritische Koranexegese nicht mit dem herrschenden Religionsverständnis islamischer Theologen übereinstimmte. Wie Mahmud Mohammed Taha wurde er durch einen Gerichtsbeschluss zu einem Apostaten und damit faktisch zu einem Nichtmuslim erklärt. Das hatte fatale Auswirkungen. Da eine Muslimin nach geltendem ägyptischem Recht nicht mit einem Andersgläubigen verheiratet sein darf, wurde die Ehe Abu Zaids mit seiner Frau annulliert. Diese Entscheidung sowie viele Morddrohungen, die selbst aus den Kreisen der al-Azhar-Universität erfolgten, zermürbten ihn, und er entschied sich, in die Niederlande auszuwandern, wo er bis zu seinem Tod den Ibn-Rushd-Lehrstuhl für Humanismus und Islam innehatte.

Der Islam und die Demokratie

Viele progressive Muslime leben heute in den USA, wo sie universitäre Lehrstühle bekleiden und ihre theologischen Ansätze öffentlich zur Diskussion stellen. Sie haben sich in eigenen Organisationen zusammengeschlossen, um gemeinsam zu beten, Vorträge und Predigten zu hören oder sich dem Studium religiöser Texte zu widmen. Einer der bekanntesten Theologen ist der in Kuweit geborene Khaled Abou El Fadl. Er hat an amerikanischen Eliteuniversitäten studiert, besitzt einen Bachelorabschluss in Politikwissenschaften von der Yale-Universität, einen Doktortitel im Fach Rechtswissenschaften von der Universität in Pennsylvania und wurde im Fach Islamisches Recht an der Princeton-Universität promoviert. Heute hat er eine Professur inne, lehrt Islamisches Recht an der Universität von Kalifornien in Los Angeles, leitet aber auch Kurse zu Islam und Menschenrechten oder Islam und Terrorismus in anderen Bildungseinrichtungen. Zahlreiche seiner Publikationen befassen sich mit Demokratie, Humanismus, Toleranz und Spiritualität. Mit seiner Frau Grace Song gründete er 2017 das Usuli-Institut. Die Usuli-Tradition basiert, nach Angaben Abou El Fadls, auf der menschlichen Vernunft, der Liebe zum Koran und dem Propheten Mohammed, auf den rituellen Anrufungen Gottes (*dhikr*), der Liebe und der Wahrheit.[10]

Im Usuli-Institut hält Abou El Fadl regelmäßig Freitagspredigten, die im Internet heruntergeladen werden können, steht aber auch für Konsultationen bei alltäglichen Problemen zur Verfügung, die sich an dem islamisch Erlaubten (*halal*) und Verbotenen (*haram*) orientieren. Seine Frau liest ihm die Fragen seiner Anhängerschaft vor, und er antwortet. Das Institut, das in den privaten Räumen des Paares untergebracht ist und über eine große Bibliothek verfügt, hat den Anspruch, islamisches Wissen zu bewahren und weiterzugeben. Hier empfängt Abou El Fadl Besucher, die ihn wegen seiner Gelehrsamkeit schätzen, und veranstaltet Gesprächsrunden, in denen er seine Botschaft erläutert. Auf der Homepage wird von einer Bewegung zur Wiederbelebung des schönen und ethischen Islam gesprochen, doch seine Predigten und Reden sind vor allem politische Botschaften. Dabei wendet er sich einerseits gegen eine islamische Orthodoxie, aber auch gegen «den Westen» und immer wieder gegen Israel. Muslime seien Opfer von «Islamophobie», sie würden diskriminiert und seien einem permanenten Rechtfertigungsdruck ausgesetzt, führt er in vielen Ansprachen und Texten aus. Doch sie seien unfähig, sich zu wehren und füreinander einzustehen. Eigentlich sollten sie die Speerspitze einer Revolution gegen Unterdrückung, Sexismus und Rassismus sein, doch sie seien mit anderen Dingen beschäftigt. Das liege nicht zuletzt an ihrer moralischen und intellektuellen Schwäche und daran, dass das Patriarchat in den muslimischen Gemeinschaften außer Kontrolle geraten sei.[11] Abou El Fadl hält das Kopftuch bei Musliminnen nicht für geboten, hat keine theologischen Bedenken gegen weibliche Imame, die vor Männern predigen, oder den Ruf zum Gebet (*azzan*) durch eine Frau. Wenn jemand glaube, die Stimme einer Frau sei *haram*, unrein, solle er sich in psychologische Behandlung begeben, wetterte er lautstark in einer Predigt. Dann sei er nämlich krank. Seine Frau trägt kein Kopftuch. Statt sich mit Nebensächlichkeiten wie der sexuellen Anziehungskraft von Frauen auf Männer zu befassen, führt er aus, sollten Muslime sich gegen Ungerechtigkeiten engagieren. Seine Reden schließen explizit an linke Bürgerrechtsbewegungen an und greifen aktuelle Themen wie die Ermordung von George Floyd durch einen Polizisten im Mai 2020 auf, um sie dann stets mit einer allgemeinen negativen Bestandsaufnahme zu verknüpfen, die die USA als rassistisches und islamophobes Land zeichnen.

Abou El Fadl richtet sich mit seinen Vorträgen gegen seiner Ansicht nach ungerechte Verhältnisse, nicht gegen die Demokratie an sich. Sie bietet seiner Ansicht nach das größte Potential für Gerechtigkeit und den Schutz der Menschenwürde. Denjenigen Muslimen, die Demokratie ablehnen und einen islamischen Staat für die einzig adäquate Regierungsform halten, wirft er ein fehlerhaftes

Verständnis des Islams vor. In seinem Buch *Islam und die Herausforderung der Demokratie* setzt er sich mit häufig vorgebrachten theologischen Argumenten gegen die Demokratie auseinander.[12] Dabei bettet er seine Verteidigung der Demokratie in die islamische Geistesgeschichte ein, findet demokratische Ansätze schon in der Frühzeit des Islams und bringt verschiedene historische Stimmen miteinander ins Gespräch. Einer der von Demokratiegegnern vorgebrachten Vorbehalte betone die Souveränität Gottes, schreibt er, und daraus werde dann abgeleitet, dass die Idee der Volkssouveränität als Häresie betrachtet werden müsse. In dieser Logik seien jedwede von Menschen gemachten Gesetze, die nicht auf dem islamischen Recht basierten, illegitim. Abou El Fadl bestätigt in seiner Entgegnung zunächst, dass Gott der alleinige Souverän sei, allerdings gebe der Koran keine spezielle Regierungsform vor. Niemand habe einen privilegierten Zugang zu Gott und könne in seinem Namen sprechen, auch der Koran spreche nicht. Er biete lediglich einen ethischen Rahmen für menschliche Handlungen. Was aus dem heiligen Text allerdings herausgelesen werden könne, seien Prinzipien, die den Willen Gottes widerspiegelten. Diese müssten die Grundlage jeglicher Politik bilden. An erster Stelle stehe dabei die Gerechtigkeit durch soziale Kooperation und gegenseitige Unterstützung. Das lege eine nicht-autokratische Form politischen Handelns nahe. Außerdem könne man die Institutionalisierung von Gnade und Barmherzigkeit als göttlichen Auftrag verstehen. Eine Regierung sei aus islamischer Perspektive dann legitim, so Abou El Fadl, wenn sie diese Werte zur Grundlage ihrer Politik mache. Für ihn ist die Demokratie die am besten geeignete Regierungsform, um die im Koran angesprochene Gerechtigkeit zu verwirklichen. Zudem werde in einer Demokratie ein jeder nach seinen eigenen Taten beurteilt und müsse für seine eigenen Unzulänglichkeiten geradestehen, ohne sich auf Gott berufen zu können. Gott habe den menschlichen Intellekt geschaffen und ihm damit auch die Verantwortung übergeben. Gott sei perfekt, der Mensch jedoch nicht.

Muslimischer Feminismus

Stärker noch als Abou El Fadl stellt die Theologin Amina Wadud das Thema der Frauenrechte in den Mittelpunkt einer modernen Theologie. Ihre Methode einer geschlechtergerechten hermeneutischen Koranexegese ist eine wahre Pionierarbeit, und ihre Schriften gelten als wichtigste Referenzen muslimischer Frauenrechtlerinnen. Seit dreißig Jahren kämpft sie dafür, den Koran als Manifest der Befreiung zu deuten, und lässt ihre Leser an diesen oft verzweifelten Versuchen teilhaben.

Wadud wurde 1952 in eine afroamerikanische christliche Familie in Maryland geboren, die in der Bürgerrechtsbewegung gegen Rassismus aktiv war. 1972 konvertierte sie zum Islam, weil sie sich von der Gerechtigkeitsrhetorik schwarzer muslimischer Aktivisten angesprochen fühlte. Diese Hoffnung kollidierte allerdings mit ihren Erfahrungen als Frau in der muslimischen Gemeinschaft. Immer wieder beklagt sie, dass vorwiegend Männer die Autorität beanspruchen, den Koran zu interpretieren, und in ihren Interpretationen Frauen benachteiligen. Ja, Frauen werde der Status eines vollwertigen Menschen abgesprochen, den Gott ihnen im Koran zugesichert habe. Muslimischen Frauen fehle allerdings meist das Wissen, um den Koran selbst zu lesen und zu deuten, und so akzeptierten sie Doppelmoral und Diskriminierung, selbst wenn sie eine Alternative hätten. Wadud führt dies am Beispiel islamischer Familienideologien aus. Die Vollzeitmutter werde glorifiziert, und man vermittle den Eindruck, dass diese in der Realität geachtet und von ihrem Mann finanziell versorgt werde. Tatsächlich seien aber viele Musliminnen gezwungen, allein für sich und ihre Kinder aufzukommen, insbesondere dann, wenn sie in den USA Afroamerikanerinnen seien. In den muslimischen Gemeinschaften werde diese Tatsache aber ignoriert. Man erkenne die Leistungen der Frauen nicht an, sondern behandle sie als minderwertige Abweichung von einer patriarchalischen Norm und erschwere ihr Leben zusätzlich durch religiös begründete Regularien. Eine davon sei das islamische Familienrecht, nach dessen Richtlinien die Vormundschaft für Kinder nach der Scheidung dem Vater zufalle, auch dann, wenn er keine Verantwortung übernehme. «Die magische Erwartung, dass für Kinder gesorgt werde und dass Frauen respektierte und verhätschelte Mütter seien, unter deren Füßen das Paradies liege», schreibt sie, sei eine «negative Fantasie», die das Überleben der alleinstehenden Mütter erschwere.[13] Waduds scharfe Kritik resultiert auch aus ihrer eigenen Geschichte als geschiedene Ehefrau und alleinerziehende Mutter von fünf Kindern, die sie nicht verheimlicht.

Desillusioniert zeigte sie sich in fortgeschrittenem Alter auch in Bezug auf den Schleier (*hijab*), von dem gesagte werde, dass er die Sicherheit und Würde der Frauen gewährleiste. Dreißig Jahre lang habe sie den *hijab* getragen und erkennen müssen, dass er keineswegs eine Garantie für Respekt innerhalb der Gemeinschaft darstelle. Es sei genauso leicht eine Frau auf ihre Sexualität zu reduzieren, wenn sie den *hijab* trage, als wenn sie ihn nicht trage.[14] Der Schleier bewahre Frauen und Mädchen nicht vor Vergewaltigungen und führe auch nicht dazu, dass Männer ihre Begierden besser kontrollierten. Kleidung und Respekt stünden eben nicht in einem unmittelbaren Zusammenhang. Wenn ein Mann eine Frau als gleichwertiges menschliches Wesen anerkenne und nicht als Objekt sexueller Fantasien missbrauche, dann sei selbst eine nackte Frau sicher vor sexuellem Missbrauch.[15]

Die islamische Welt müsse, so Wadud in all ihren Publikationen und Vorträgen, grundlegend verändert werden, um dem Ziel des Islams, Unterdrückung in jeglicher Form abzuschaffen, näher zu kommen. Obwohl sie in ihrem Werk immer wieder Klassendifferenzen und Rassismus als Missstände identifiziert, ist es doch in erster Linie die Diskriminierung von Frauen, die sie umtreibt. Diese könne nicht durch den Koran gerechtfertigt werden. Die traditionellen Auslegungen seien ausschließlich von Männern niedergeschrieben worden und beruhten auf exklusiven männlichen Erfahrungen und Sichtweisen.[16]

Im Rahmen ihrer Dissertation an der Universität von Michigan befasste sich Wadud intensiv mit dem Koran. 1989 wurde sie im Fach Islamwissenschaften promoviert. Es folgten mehrere befristete Professuren und Fellowships in Südostasien und in den USA. Ihre Dissertation wurde erstmals 1992 unter dem Titel *Qur'an and Woman: Rereading the Sacred Text from a Woman's Perspective* publiziert. Das Buch gilt heute als Standardwerk feministischer Koranexegese. Wadud beruft sich darin einerseits auf den liberalen Reformislam, insbesondere auf die Schriften Fazlur Rahmans, und nimmt andererseits Konzepte der säkularen feministischen Textexegese zur Kenntnis.[17] Ihre eigene Methode basiert auf drei Prinzipien. An erster Stelle stehen die historische Kontextualisierung des Korans und die Unterscheidung zwischen situationsbezogenen und universal gültigen Aussagen.

Das zweite Prinzip zielt auf die Analyse der Sprache. Dazu gehören etwa die Frage nach Wortbedeutungen oder Probleme bei der Übersetzung aus dem Arabischen in andere Sprachen.[18] Beim dritten Prinzip geht es darum, die im Koran durchscheinende «Weltanschauung» zu erfassen. Das wichtigste Verfahren ist eine Form der Hermeneutik, die vor allem in Amina Waduds zweitem Buch *Gender Jihad* erläutert wird. Die Grundlage des Korans, führt sie darin aus, sei *tauhid*, das Paradigma der Einheit Gottes. Wenn es in der Welt verwirklicht würde, dann wäre die Menschheit eine einzige Gemeinschaft von Gleichen ohne Unterscheidungen nach Rasse, Klasse, Geschlecht, religiösen Traditionen, nationalen Ursprüngen, sexuellen Orientierungen oder anderen Kriterien der Distinktion.[19]

Amina Wadud lehnt die Bevorzugung von Männern im islamischen Ritus strikt ab und wurde weltweit bekannt, weil sie Freitagsgebete vor gemischtgeschlechtlichen Gruppen anleitete. Das erste Mal trat sie im August 1994 auf Einladung der Islamischen Da'wah-Bewegung in mehreren südafrikanischen Städten auf. Wütende Proteste waren die Folge, und Mitglieder ihrer Heimatmoschee in den USA forderten sogar ihre Entlassung aus dem Universitätsdienst. Wadud war schockiert und begriff, dass sie gegen ein ehernes Tabu verstoßen und die Konsequenzen ihrer Handlungen nicht bedacht hatte. Elf Jahre später nahm sie eine ähnliche Einladung der «Progressiven Muslim-Union Nord Amerikas» (Progressive Muslim Union of North America) an – dieses Mal im vollen Bewusstsein der zu erwartenden Reaktionen. Bereits im Vorfeld kam es zu massiven Drohungen. Drei Moscheegemeinden, die angefragt wurden, konnten sich nicht dazu durchringen, das damit verbundene Risiko einzugehen, und eine Kunstgalerie, die als Veranstaltungsort im Gespräch war, nahm ihre Zusage nach einer Bombendrohung zurück. Schließlich wurde eine anglikanische Kirche für das von ihr geleitete Freitagsgebet gefunden. Staatliche Sicherheitskräfte sorgten für einen reibungslosen Ablauf der Veranstaltung.

Amina Wadud veröffentlichte ihre Predigt in *Gender Jihad*, beteiligte sich aber nicht an der Diskussion darüber. Andere schalteten sich dafür umso vehementer ein. Die negativen Stimmen überwogen bei weitem, vor allem unter konservativen Gelehrten, die den Akt als Häresie brandmarkten. Der populäre, in Katar ansässige Fernsehprediger Yusuf al-Qaradawi widmete der Verurteilung Waduds eine ganze Stunde. Er erhob den Vorwurf, sie habe außerhalb der islamischen Traditionen gehandelt, die den Ausschluss alles Weiblichen aus einer den Männern vorbehaltenen Öffentlichkeit festlegten. Nur so könne der Sünde vorgebeugt werden, zu der die Anwesenheit einer Frau Männer verleite. Der Großmufti von Riad ging noch weiter und bezeichnete Wadud als Feindin des Islams. Einige arabische Zeitungen denunzierten sie als «verwirrte Frau».[20] An der renommierten ägyptischen al-Azhar-Universität verurteilte auch Soad Saleh, die Leiterin der Frauenabteilung für islamische Studien, Waduds Auftritt. Saleh unterhielt zum damaligen Zeitpunkt eine eigene Fernsehshow mit dem Titel «Frauen-Fatwa» und kokettierte damit, selbst eine islamische Feministin zu sein.

Eine progressive muslimische Subkultur

Der Umstand, dass Amina Wadud gebeten wurde, als Imamin vor Männern und Frauen zu beten, zeigt, dass sich nicht nur an den Universitäten muslimische Organisationen herausgebildet hatten, die ein Zeichen für einen neuen Islam setzen wollten. Dieser Islam sollte mit den Prinzipien der Geschlechtergleichheit vereinbar sein. Die bereits erwähnte «Progressive Muslim-Union» gründete sich 2004 in Manhattan, löste sich aber bereits im Dezember 2006 wieder auf. Ein Teil ihrer Mitglieder fand sich ab 2007 in der Nachfolgeorganisation «Muslime für progressive Werte» (Muslims for Progressive Values) zusammen. Sie hat Verbindungen zu progressiven muslimischen Verbänden in den USA wie der «Muslimischen Reformbewegungsorganisation» (Muslim Reform Movement Organization) mit Sitz in New York und dem «Netzwerk für spirituelle Progressive» (Network of Spiritual Progressives) in Berkeley, aber auch zu internationalen Gruppierungen. Mitglieder der «Progressiven Muslim-Union» unterhielten bis 2009 eine Webseite namens «Muslimisches Erwachen» (Muslim Wake-up), um ihre Ideen weltweit zu verbreiten. Die dritte Organisation, die in das New Yorker Ereignis involviert war, nannte sich «Muslimische Frauen-Freiheitstour» (Muslim Women's Freedom Tour) und war eine Initiative der indisch-amerikanischen Journalistin Asra Nomani, die sich bereits einen Namen als feministische Muslimin gemacht hatte. Nomani hatte zusammen mit Gleichgesinnten im Jahr 2004 eine «Islamische Grundordnung für Frauen in der Moschee» (Islamic bill of rights for women in the mosque) entworfen, die sich gegen jede Form von Geschlechtersegregation und Benachteiligung von Frauen in Moscheen aussprach.[21]

Ganz unübersehbar hat sich in den USA eine muslimische Subkultur herausgebildet, deren Auffassungen sich in diametralem Gegensatz zur Mehrheitsmeinung der konservativen Muslime befinden. Amina Wadud symbolisiert diese neue Bewegung so vortrefflich, weil sie in der Tradition sozialer Bewegungen steht und diese mit neuen islamischen Konzepten zu verbinden sucht. Sie steht für einen Islam, der sich genauso gegen Sexismus wie gegen Rassismus und antiislamische Vorurteile wendet und letztendlich sogar eine generelle egalitäre Utopie aufscheinen lässt. In den Medien wurde immer wieder vermerkt, dass Waduds provokative Aktivitäten nur in einer freien westlichen Gesellschaft stattfinden konnten, in einer Gesellschaft, in der Nichtmuslime den Ort für eine muslimische Freitagspredigt zur Verfügung stellten und nichtmuslimische Sicherheitskräfte für den reibungslosen Ablauf sorgten. Diese Einschätzung ist richtig, denn in keinem islamischen Land und in keinem Land, in dem für Muslime die islamische Rechtsprechung gilt, hätte eine Frau freitags vor einer gemischtgeschlechtlichen Gruppe beten können.

Mittlerweile bilden sich in westlichen Ländern Allianzen muslimischer Feministinnen. Sie gründen Organisationen und weitgespannte Netzwerke. Eine der Aktivistinnen ist Ani Zonnefeld von der Organisation «Muslime für progressive Werte». Sie wurde als Tochter eines muslimischen Diplomaten in Malaysia geboren und verfügt über internationale Erfahrungen. Sie schreibt Songs, Texte für Anthologien, produziert Filme und organisiert Kulturfestivals. Unter ihrer Leitung wurden Zweigstellen der progressiven Muslime in Los Angeles, San Francisco, Atlanta, Washington, New York, Boston, Columbus und Chicago eröffnet und eine globale «Allianz inklusiver Muslime» (Alliance of inclusive Muslims) ins Leben gerufen. Unter der Rubrik «Unsere Mission» bekennen sich die progressiven Muslime auf ihrer Internetseite zu sozialer Gerechtigkeit und mit einem Zitat des andalusischen Mystikers Ibn al-Arabi auch zur Liebe. Zehn Prinzipien werden als handlungsleitend herausgestellt, darunter die klassischen islamischen Werte der Barmherzigkeit und Gnade, aber auch die Trennung von Religion und Staat, die universellen Menschenrechte, Geschlechtergleichheit und die Rechte von Homosexuellen. Gott habe jede Farbe des Regenbogens geschaffen, verkündet ein buntes Logo auf der Homepage, und auf einem Foto halten Aktivisten ein Plakat, auf dem in Regenbogen-

farben steht: Gott liebt uns alle.[22] Die Organisation bietet muslimische und religionsübergreifende Hochzeitszeremonien und
muslimische Seelsorge an, organisiert theologische und politische
Vorträge und wirbt für spirituelle Beratungen. Bei Kampagnen arbeitet sie mit der UN zusammen und hat es verstanden, sich als
sichtbarer Spieler auf dem Feld internationaler nichtstaatlicher Organisationen zu etablieren. Themen und Konferenzen wurden mittlerweile stark ausgeweitet und beinhalten jetzt auch nachhaltige
Entwicklung oder allgemeine Spiritualität unter Einbeziehung von
Vertretern indigener Gemeinschaften.

Die in diesem Kapitel vorgestellten Beispiele sind nur Aus-
schnitte aus einer viel umfassenderen Landkarte des progressiven
Islams in den USA. Sie unterscheiden sich beim Umgang mit den
Quellentexten der islamischen Theologie, in der Reichweite ihrer
gesellschaftspolitischen Ambitionen und in ihrem Verhältnis zu
anderen muslimischen Gemeinschaften. Was sie verbindet, ist ihre
Werbung für eine zeitgemäße Theologie, die auf hermeneutischen
und historisch-kritischen Verfahren basiert, sowie der Versuch,
moderne Ansätze von Gerechtigkeit und Verantwortung islamisch
zu fundieren. Damit begeben sie sich zwangsläufig in Widerspruch
zur islamischen Orthodoxie, werden aber gleichzeitig anschlussfähig an internationale soziale Bewegungen.

8. MALAYSIA

Muslimische Matriarchate

In der malaiisch-muslimischen Welt herrschten einst Sultaninnen über mächtige Handelsimperien, und noch heute existieren dort gesellschaftliche Verhältnisse, die als Matriarchate bezeichnet werden. Im Zuge von Modernisierungsprozessen erodiert allerdings ihre ökonomische Basis, und die Durchdringung des Landes mit einem fundamentalistischen Islam führt zu Konflikten. Ein modernes Gegengewicht gegen diese Tendenzen sind fromme Aktivistinnen, die mit dem Koran gegen die Scharia kämpfen. Unter dem Namen «Islamische Schwestern» haben sie sich 1990 in Kuala Lumpur zusammengeschlossen.

Frauenherrschaft im Islam

Muslimischen Gesellschaften eilt gewöhnlich nicht der Ruf voraus, vorbildlich im Sinne einer Gleichberechtigung der Geschlechter zu sein. Das war im islamisch geprägten Südostasien bis in die jüngste Vergangenheit hinein teilweise anders. Frauen agierten als Kämpferinnen in kolonialen Unabhängigkeitskriegen und in separatistischen Widerstandsbewegungen, und wenn sie von hohem Stand waren, nahmen sie aktiv Einfluss auf die Politik.[1] Das indonesische Sultanat Aceh, das von Malaysia nur durch die Straße von Malakka getrennt war, wurde im 17. Jahrhundert vier Mal in Folge von einer Sultanin regiert und Ähnliches gilt für das ehemalige Sultanat Patani auf der malaiischen Halbinsel.[2] Zu den interessantesten Phänomenen gehören Ausprägungen des Gewohnheitsrechts (*adat*), die oft als «matriarchal» oder als «frauenzentriert» bezeichnet werden.[3]

Auf Sumatra existierten solche Verhältnisse bis vor wenigen Jahren in der Provinz Aceh, die heute als Hochburg eines frauenfeindlichen Islamismus gilt. Gegenwärtig finden wir sie noch im westlichen Teil der Insel, in dem das Volk der Minangkabau siedelt, und im malaysischen Bundesstaat Negri Sembilan. Letzterer wurde seit dem 16. Jahrhundert von Migranten der Minangkabau besiedelt.[4]

Was bedeutet der Begriff des «Matriarchats» in diesen Gesellschaften? Eine spiegelbildliche Umkehr patriarchaler Strukturen ist damit nicht gemeint, sondern vielmehr eine komplementäre Privilegierung von Frauen und Männern in unterschiedlichen Bereichen.[5] Wichtig ist beispielsweise die Abstammungsregelung. Bei den Minangkabau erfolgt sie in der mütterlichen Linie. Das nennt man Matrilinearität. Bei den Acehern werden die väterliche und die mütterliche Linie gleichermaßen berücksichtigt.[6] Abstammungsregelungen haben Einfluss auf die Vormundschaft über die Kinder im Falle von Scheidungen, und sie sind für das Erbrecht von Belang. Eine zweite, ebenso wichtige Komponente ist die Wohnsitzregelung. Diese ist in frauenzentrierten Gesellschaften uxorilokal, das heißt, ein verheiratetes Paar wohnt bei der Familie der Ehefrau. Die matrilineare Verwandtschaftsgruppe ist traditionell eine Siedlungsgemeinschaft und damit auf Dorfebene die wichtigste soziale und ökonomische Einheit. Der Kern einer solchen Gruppe besteht aus Frauen, die miteinander in weiblicher Linie blutsverwandt sind. Sie sind die alleinigen Besitzerinnen allen Landes, das als Ahnenland klassifiziert wird und als unveräußerlich gilt.[7] Privat erworbenes Land kann dagegen an Männer vererbt werden und ist verkäuflich. Der Verkauf von Ahnenland ist nicht nur gesetzlich verboten, sondern die Minangkabau glauben auch, er würde den Zorn der Vorfahren nach sich ziehen.[8] Im kollektiven Besitz einer matrilinearen Gruppe befinden sich auch die großen Clanhäuser, die Platz für mehrere Kleinfamilien bieten. Nach der Heirat ziehen Männer entweder in das Haus ihrer Ehefrauen, bleiben bei ihrer Herkunftsfamilie oder wechseln zwischen beiden Haushalten hin und her. Ihr Status in der Gruppe ihrer Ehefrau gleicht dem eines Gastes.[9] An-

Frauen der Minangkabau um 1900

ders ist es in ihrer eigenen Herkunftsgruppe. Als Onkel und Brüder übernehmen sie dort wichtige und prestigeträchtige Aufgaben und sind alles andere als machtlos. Die starke Position der Frauen hat Auswirkungen auf Eheschließungen, bei denen die älteren Frauen häufig die Initiative übernehmen und untereinander ausmachen, welcher heiratsfähige Mann als Partner für eine junge Frau in Frage kommt.[10] Statt eines Tausches von Frauen zwischen zwei Familien, wie es in patriarchalischen Verwandtschaftsverhältnissen vorkommt, beobachtete der Ethnologe Michael Peletz in Negri Sembilan einen Männertausch.[11] Die Polygynie, die Ehe eines Mannes mit mehreren Frauen, die im Islam erlaubt ist, wird in diesen Gemeinschaften als anstößig und gegen die Tradition gerichtet empfunden.

Diese Verhältnisse sind auf den ersten Blick nicht mit islamischen Normen vereinbar, doch die Minangkabau sind strenggläubige Muslime, die einer konservativen Orthodoxie zugerechnet werden. In ihrem Wertekanon spiegelt sich das Bemühen wider, die Denk- und Handlungssysteme der Tradition und des Islams miteinander zu vereinbaren. Das wird am Ideal eines möglichen Ehemannes deutlich. Er soll nämlich den Koran rezitieren können und über lokales Wissen verfügen, das die Kenntnisse über die Durchführung von Ritualen mit einschließt. Die Minangkabau betonen, dass sowohl der Islam als auch die Traditionen untrennbar zu ihrer Identität gehören.

Muslime anderer ethnischer Gruppen betrachten die Kultur der Minangkabau mit Argwohn und werfen ihnen unislamische Sitten vor. Seit Mitte des 20. Jahrhunderts kommt es immer wieder zu Diskussionen über die Legitimität des matrilinearen Gewohnheitsrechts (*adat*).[12] Der japanische Anthropologe Sueo Kuwahara hat über eine Kampagne der in Malaysia regierenden Vereinigten Malaiischen Nationalorganisation gegen das als anti-islamisch verdammte *adat* berichtet. Dabei gelang es Islamisten, einige Minangkabau-Führer auf ihre Seite zu ziehen, die sich Vorteile von einer Anpassung an das islamische Recht versprachen. Ihre Ambitionen kamen jedoch zum Erliegen, als die Frauen drohten, sich von jedem Mann scheiden zu lassen, der sich gegen das traditionelle Recht stellen würde.[13] Eine ähnliche Resilienz gegenüber islamistischen Neuerungsvorstößen stellte das Forscherpaar Franz und Keebet von Benda-Beckmann in Sumatra fest.[14] Sowohl in Malaysia als auch in Indonesien ist das Gewohnheitsrecht mittlerweile kodifiziert – ein Umstand, der alle Vorhaben erschwert, das islamische Recht vollumfänglich durchzusetzen. Dennoch sind Erosionen des Systems klar erkennbar, die primär durch einen ökonomischen Wandel bedingt sind, der die ländlichen Gebiete benachteiligt und die dörflichen Strukturen nicht unangetastet lässt.[15] Junge Familien verlassen die Heimatdörfer und ziehen in die Städte, wo Arbeitsmöglichkeiten in modernen Sektoren bestehen. Wenn dort Eigentum erworben wird, so geschieht das nicht mehr nach den Regularien der matrilinearen Verwandtschaftsgruppe. Als Folge ändern sich sukzessive das Erbrecht, die Wirtschaftsweise und die Position der Frauen. In der traditionellen Ökonomie waren sie die Garanten des Wohlstandes und die Absicherung der Alten. Mittlerweile sind die Geschlechterverhältnisse egalitärer beziehungsweise begünstigen die Männer.[16] In Bundesstaaten, die zuvor ein bilineares Erbsystem besaßen, verschob sich die Skala noch weiter zugunsten der männlichen Erben.[17]

Modernisierung und die islamistische Wende

Mitte des 20. Jahrhunderts setzte eine rasante ökonomische Entwicklung in Malaysia ein, die das ganze Land nachhaltig veränderte. Im Mittelpunkt stand der Entwicklungsplan «Vision 2020», der 1991 vom damaligen Premierminister Mahathir bin Mohamad als Maßnahmenkatalog präsentiert wurde, um Malaysia in ein modernes hochtechnisiertes Land umzuwandeln. Im gleichen Jahr beschlossen die Regierungen des ASEAN-Verbundes auf einem Treffen in Kuala Lumpur die Einrichtung einer Freihandelszone. Schulen und Universitäten wurden ausgebaut, der Staat investierte in Forschung, Industrialisierung und Zukunftstechnologie. Das hatte Auswirkungen auf die sozialen Strukturen in der malaysischen Gesellschaft.[18] Es entstand eine bildungsorientierte muslimische Mittelschicht, in der junge Frauen Universitätsabschlüsse erwarben und in Führungspositionen drängten. Ihnen kam zugute, dass Malaysia 1995 die UN-Frauenrechtsdeklaration ratifiziert hatte, die eine gleichberechtigte Teilhabe von Frauen auf dem Arbeitsmarkt beinhaltet. Doch nicht nur Hochschulabsolventinnen profitierten vom wirtschaftlichen Aufschwung, denn aus den ländlichen Regionen wanderten Zehntausende junger Frauen in die urbanen Freihandelszonen, in denen multinationale Unternehmen Arbeitskräfte suchten.[19] Der Verdienst machte sie finanziell von der Familie unabhängig. Durch das Leben fern der Herkunftsdörfer entkamen sie außerdem der familiären Kontrolle und befreiten sich aus tradierten Rollen. Sie trugen Jeans, schminkten sich und orientierten sich an einem Lebensstil, den sie in westlichen Fernsehprogrammen gesehen hatten. Wenn sie ihre Angehörigen unterstützten, dann geschah das oft über die Mütter, da Väter es als beschämend ansahen, Geld von der Tochter anzunehmen.[20] Dadurch wurden familiäre Autoritätsverhältnisse selbst in den ärmeren Kreisen erschüttert, in denen patriarchalische Geschlechterverhältnisse vorgeherrscht hatten.

Der Aufbruch der jungen Fabrikarbeiterinnen hatte allerdings zwiespältige Reaktionen zur Folge. Staat und Familien schätzten zwar ihre Arbeitsleistungen und ihr Einkommen, doch ihre Existenz widersprach zugleich den herrschenden Moralvorstellungen. Sie wurden abfällig als *minah karan* bezeichnet. Minah ist ein gewöhnlicher malaiischer Frauenname und *karan* bedeutet elektrisch. Ursprünglich wurde er für Arbeiterinnen in der Elektronikindustrie verwendet, doch im übertragenen Sinne meinte er auch junge attraktive Frauen, die «unter Hochspannung stehen», das heißt sexuell abenteuerlustig sind und als moralisch minderwertig gelten.[21] Die Ethnologin Aihwa Ong glaubt, dass sich hinter dieser Abwertung eine Furcht der Männer vor einem Machtverlust und vor unliebsamer Konkurrenz auf dem Arbeitsmarkt verbarg.[22] Die jungen Frauen selbst reagierten mit Massenhysterie auf den inneren Zwiespalt, die in den Medien als Geisterbesessenheit gedeutet wurde.[23]

In Malaysia wurden seit der Mitte des 20. Jahrhunderts Wirtschaft, Forschung und Bildungssystem rapide modernisiert, doch diese Entwicklung verursachte sozialen Stress.[24] Mahathir sah die Lösung des Dilemmas darin, der wirtschaftlichen Liberalisierung eine strenge islamisch geprägte normative Ordnung entgegenzusetzen. Die Bedingungen dafür waren ideal. Muslime machten etwas mehr als die Hälfte der Bevölkerung aus, und der Islam als Religion stand selbst bei den matriarchalischen Minangkabau hoch im Kurs. Außerdem erlebte Malaysia seit Anfang der 1970er Jahre eine islamistische Revitalisierungsbewegung, die maßgeblich von jungen Intellektuellen ausging, die an arabischen und britischen Universitäten studiert hatten und dort mit wahhabitischen und salafistischen Islamauffassungen sowie mit der Ideologie der Muslimbruderschaft in Berührung gekommen waren.[25] Es fiel den gebildeten und international vernetzten Rückkehrern nicht schwer, in einflussreiche Positionen zu gelangen und die Politik von der Richtigkeit ihrer Ideale zu überzeugen. Ihr engagiertester Befürworter wurde Premierminister Mahathir selbst. Eine Islamisierung des Bildungssystems, des Kulturbereichs und der Öffentlichkeit war die Folge. An den Universitäten begannen einige Studentinnen in den 1970er Jahren damit, sich zu verschleiern, und zehn Jahre später waren es nach Angaben des Politikwissenschaftlers Chandra Muzaffar bereits 60 bis 70 Prozent. Eine Reihe von neuen Gesetzen und Regularien orientierte sich an islamischen Normen.[26] Von diesen Neuerungen war vor allem das Familienrecht betroffen, das seit 1984 «islamisch reformiert» wurde und Ungleichheiten bei Erbregelungen und Vormundschaft zuungunsten der Frauen, Diskriminierungen von Frauen vor Gericht sowie das Recht der Männer, bis zu vier Ehefrauen zu heiraten, festschrieb. Ehemänner können ihre Gattinnen mittlerweile per SMS verstoßen, ihnen den Zugang zu einem eigenen Bankkonto verwehren oder ihr Eigentum für den Unterhalt weiterer Frauen nutzen.[27] Häusliche Gewalt wurde von offizieller Seite mit dem Verweis auf weibliches Fehlverhalten legitimiert und der Bewegungsradius von Frauen eingeschränkt. Es war ein Kontrastprogramm zu den nach wie vor existierenden kulturellen Traditionen wie denen der Minangkabau, die für viele Malaien zu ihrer kollektiven Identität gehören.

Diese Entwicklung entsetzte viele säkulare Intellektuelle. Einige von ihnen waren entschlossen, sich dagegen zur Wehr zu setzen. 1987 trafen sich Mitglieder der «Rechtsanwältinnen-Assoziation» (Association of Women Lawyers), einige Wissenschaftlerinnen und Journalistinnen, um über die neuen Reformen zu sprechen. Bereits ein Jahr später organisierten sie einen Workshop mit Vertretern der Regierung, um zu erörtern, wie die Rechte von Frauen auch unter den neuen Bedingungen gewahrt bleiben könnten.

Ähnlich beunruhigend wie die Islamisierung des Rechts waren

für die Aktivistinnen die Darstellungen der islamisch begründeten Ungleichheit der Geschlechter in den Medien und die sich wandelnde öffentliche Meinung. Im Radio, im Fernsehen und in Moscheen verkündeten islamische Gelehrte und Politiker, dass Männer den Frauen überlegen seien, dass Gott die Männer als Oberhäupter in der Familie eingesetzt habe und dass Ehefrauen gegenüber ihren Männern zu absolutem Gehorsam verpflichtet seien. Männer dürften, so die orthodoxen Interpreten des Islams, ihren Ehefrauen Bildung und Berufstätigkeit verwehren, ihren Bewegungsradius auf das Haus beschränken und nach Belieben über ihren Körper verfügen. Diejenigen, die sich dem widersetzten, sollten mit Gewalt zur Raison gebracht werden. Die Engel, so hieß es, würden ungehorsame Frauen verfluchen und die Hölle sei voll mit ihnen.

Mit dem Koran für Frauenrechte kämpfen

Die damals jungen Aktivistinnen fragten sich, ob die neue islamische Ordnung, deren Durchsetzung sie gerade fassungslos miterlebten, tatsächlich theologisch gerechtfertigt sei. Sie hatten sich stets als gläubige Musliminnen und als emanzipierte Frauen verstanden und darin niemals einen Widerspruch gesehen. Jetzt, da ihre Religion so abgrundtief frauenfeindlich interpretiert wurde, wurden sie unsicher. Einer Geistlichkeit, die davon ausging, dass aufmüpfige Frauen auf göttliche Anweisung im Jenseits gefoltert würden, wollten sie die Interpretation des Korans und der islamischen Überlieferung nicht überlassen, sondern die Texte selbst mit kritischem Blick befragen. In dieser Situation stieß die bereits erwähnte Amina Wadud zu ihnen. Nach Beendigung ihrer Promotion nahm sie eine Stelle als Assistenzprofessorin an der Islamischen Universität Malaysia an und war bereit, sich einzusetzen. Als promovierte Theologin und Dozentin besaß Wadud die notwendige Autorität, um die Anliegen der Aktivistinnen fachkundig zu überprüfen und alternative Interpretationen zu orthodoxen Sichtweisen wissenschaftlich zu untermauern. Unter ihrer Anleitung begannen die Aktivistinnen den Koran zu studieren, vor allem die Verse, mit denen die Diskriminierung der Frauen begründet wurde. Das Ergebnis war eine vollständige Reinterpretation dieser Passagen anhand von Waduds hermeneutischer Methode. Das gemeinsame Lesen, schrieb Zainah Anwar, eine Aktivistin der ersten Stunde, eröffnete ihr eine Welt des Glaubens, die sie akzeptieren konnte, eine Welt, die voller Liebe und Gnade, Gleichheit und Gerechtigkeit war.[28] Um zu unterstreichen, dass sich ihre Kritik an den herrschenden Auslegungen von Koran und Sunna innerhalb des islamischen Denkrahmens bewegte, gaben sich die Frauen den Namen «Islamische Schwestern» (Sisters in Islam, SIS).

1991 veröffentlichten die Sisters in Islam zwei Broschüren, in der sie häufig gestellte Fragen beantworteten: «Sind Männer und Frauen vor Allah gleich?» lautete der Titel der ersten, «Ist es muslimischen Männern erlaubt, ihre Ehefrauen zu schlagen?» war die zweite betitelt. Der Anspruch der Frauen, die islamischen Quellen besser zu verstehen als viele islamische Gelehrte, provozierte Proteste und Beschuldigungen, aber es gab auch Unterstützung. Der Erfolg von Sisters in Islam in Malaysia beruht nicht zuletzt darauf, dass viele ihrer Mitglieder aus einflussreichen Familien stammen und sie als Wissenschaftlerinnen, Anwältinnen und Journalistinnen über gute Kontakte zu Politik, Administration und Medien verfügen. Zainah Anwar beispielsweise ist die Tochter von Anwar bin Abdul Malik, einer der wichtigen Persönlichkeiten der malaysischen Unabhängigkeitsbewegung. Zu seinen Verdiensten gehört die Gründung der «Vereinigten Malaiischen Nationalorganisation».

Ermutigt durch ihre Erfolge begannen die Aktivistinnen 1993 mit öffentlichen Eingaben an die Regierung. So forderten sie ein Memorandum in Bezug auf die Einführung des Scharia-Strafrechts im Bundesstaat Kelantan, in dem eine islamistische Partei die Regierung stellte. Sisters in Islam lehnte nicht nur die Benachteiligung von Frauen im islamischen Recht ab, sondern auch dessen drakonische Strafen. Der Fokus richtete sich bald auch auf grundsätzliche Fragen der Islamisierung und Modernisierung.

Nachdem Amina Wadud in die USA zurückgekehrt war, bemühte die Gruppe andere Gastdozenten, etwa den ägyptischen Rechtswissenschaftler Fathi Othman, der von 1994 bis 1995 an der Islamischen Universität Malaysias unterrichtete. Die Wissenschaftlerinnen innerhalb der Organisation qualifizierten sich aber zunehmend auch selbst und machten sich als Expertinnen für die Folgen von Modernisierung, Globalisierung und Islam einen Namen. Im akademischen Umfeld gewannen Zainah Anwar und die Sozialwissenschaftlerin Norani Othman mit ihren Publikationen internationale Beachtung und trugen dazu bei, dass Sisters in Islam auch in der westlichen Welt bekannt wurde.[29]

Im Laufe der langjährigen Tätigkeiten und des wachsenden Erfolges professionalisierte sich die zunächst spontan agierende Protestgruppe. 1998 wurde ein Büro mit zwei hauptamtlichen Direktorinnen etabliert. Seitdem hat sich Sisters in Islam zu einer einflussreichen nichtstaatlichen Organisation entwickelt, die Beratungen und Fortbildungen für staatliche Einrichtungen anbietet. Probleme des Familienrechts stehen dabei nach wie vor ganz oben auf der Agenda. Zwischen 2008 und 2010 führten die Aktivistinnen eine empirische Studie bei Mitgliedern polygyner Haushalte durch und sammelten Daten, um ihre These zu unterstützen, dass Frauen und Kinder in polygynen Ehen benachteiligt seien. Der Koran erlaubt Männern bis zu vier Frauen zu heiraten, wenn sie sich in der Lage sehen, alle «gerecht» zu behandeln. Polygyn lebende malaysische Männer behaupten gewöhnlich, dass dies für sie kein Problem sei. Doch die Untersuchung zeigte ein anderes Bild. 90 Prozent der befragten Kinder und 65 Prozent der Ehefrauen lehnten die Polygynie ab, und die Frauen beklagten, dass es mit der angeblich gerechten Behandlung nicht weit her sei.[30]

Auffällig ist bei Sisters in Islam, dass sie traditionelle egalitäre Geschlechterverhältnisse, die in ländlichen Regionen weiterhin bestehen, bei der Entwicklung progressiver Programme nicht zur Kenntnis nehmen. Ihr Konzept ist urban ausgerichtet und zielt weniger auf lokale Veränderungen als auf eine globale Entwicklung.

2007 beschlossen die Aktivistinnen, ihr Engagement künftig nicht nur auf Malaysia zu beschränken, sondern sich international für Reformen des islamischen Familien- und Personenstandsrecht einzusetzen. Unter Federführung von Zainah Anwar gründeten sie die Organisation «Musawah» (arabisch: Gleichheit), die heute nach eigenen Angaben Mitglieder in fünfzig Ländern hat. Mit ihrer Zeitschrift und Homepage, regelmäßigen Länderberichten, Aufsätzen und Statements in englischer, französischer und arabischer Sprache erreicht «Musawah» Frauen gebildeter Schichten in allen muslimischen Regionen. 49 Frauenorganisationen sind mit der «Musawah»-Homepage verbunden und lassen sich anklicken. Bemerkenswert ist, dass «Musawah», obgleich eine Organisation von Musliminnen für Musliminnen, ausschließlich mit finanziellen Mitteln nichtmuslimischer amerikanischer, kanadischer und europäischer Stiftungen sowie der Vereinten Nationen gefördert wird.

«Musawah» hat das Konzept des islamischen Feminismus wirkmächtig in der internationalen politischen Arena verankert und ermöglicht eine Vernetzung, die ohne diese Struktur schwer vorstellbar wäre. Sie ist die einzige transnationale muslimische Organisation, die dezidiert auf den Prinzipien des islamischen Feminismus basiert, wenngleich ihre Aktivistinnen diesen Begriff meist nicht verwenden.[31] Was «Musawah» weiterhin auszeichnet, ist der Versuch, die universellen Menschenrechte mit einem liberalen Islamverständnis in Einklang zu bringen.[32] Dies geschieht auf recht pragmatischer Ebene. 2011 wurde unter Leitung von Zainah Anwar ein Evaluationsreport zur Umsetzung der UN-Frauenrechtskonvention in muslimischen Ländern vorgelegt. Hier sind deutliche Verbesserungen zu beobachten. Während Frauenrechte in der Vergangenheit fast ausschließlich dort gewährt wurden, wo säkulare Regierungen an der Macht waren, verändern seit einigen Jahren auch muslimische Staaten ihre Gesetzgebung. In Marokko etwa wurde 2004 ein vollständig überarbeitetes Personenstandsrecht verabschiedet. In Tunesien ist es muslimischen Frauen seit 2017 erlaubt, einen Nichtmuslim zu heiraten. Bei vielen Gesetzesvorhaben leisten die Aktivistinnen von «Musawah» Hintergrundarbeit, unterstützen lokale Aktivistinnen und bilden sie fort. Die Frauenrechtlerinnen von Sisters in Islam kämpfen in Malaysia immer noch gegen die gleichen islamistisch-patriarchalischen Strukturen, doch mit ihrer Initiative «Musawah» ist es ihnen gelungen, zu einem globalen Akteur zu werden, der die Welt verändert.

9. INDONESIEN

Der Sultan und die Königin des Südmeeres

Yogyakarta auf der indonesischen Insel Java ist ein Sultanat und gleichzeitig das Zentrum einer alten Religion, die islamische, buddhistische, hinduistische und animistische Elemente miteinander verbindet. Die überwiegende Mehrheit der Bevölkerung bekennt sich zum sunnitischen Islam, doch sie glaubt auch an die Macht einer belebten Natur, die durch Zeremonien besänftigt werden muss. Dem Sultan kommt die Aufgabe zu, die gefährlichsten von ihnen durch seine eigene spirituelle Kraft in Balance zu halten und so Schaden von seinen Untertanen abzuwenden. Mit der Königin des Südmeeres, die sich immer wieder durch verheerende Seebeben in Erinnerung bringt, ist er sogar rituell verheiratet.

Ein Zimmer für die Göttin

Man kann der Königin an ungewöhnlichen Orten begegnen. Einer davon ist das Zimmer mit der Nummer 308, das sich im Samudra Beach Hotel im kleinen Fischernest Pelabuhan Ratu an der westjavanischen Küste befindet. Der Raum ist in grünen Farben gehalten und mit einem kleinen Tisch ausgestattet, auf dem Opfergaben liegen. Über dem Schrein sieht man das Bild einer attraktiven jungen Frau mit langen dunklen Haaren, einem schulterfreien schwarzen Badeanzug und üppigem weißem Geschmeide. Sie entsteigt gerade einer tosenden Welle, deren Schaumkronen hoch über ihren Kopf zischen. Ihr Blick ist gesenkt, das Gesicht entspannt und ihr Lächeln eher angedeutet. Die Schöne besitzt viele Namen. Einer von ihnen ist Ratu Kidul, ein anderer Ratu Laut Selatan und bedeutet Königin des Südmeeres. In Pelabuhan Ratu, übersetzt «Hafen der Königin», wird sie alljährlich mit einem Ritual geehrt. Auch in anderen javanischen Ortschaften ist Ratu Kidul präsent und auf Farbdrucken festgehalten, die mal im Pop Art-Stil, mal naturalistisch gehalten sind. Die Hotelzimmer, von denen man nicht weiß, wie viele es sind, ähneln sich. Stets gibt es ein Bett mit prunkvollem Überzug und farbigen Kissen, Lampen, Schränkchen, Tischen und Blumenvasen. Immer gehört ein kleiner Altar zum Interieur und eben auch Darstellungen der Königin, deren Gewand, Schmuck und Ausdruck an indische Göttinnen erinnern.

Ratu Kidul ist nicht nur schön, sondern auch mit Vorsicht zu genießen. Wenn es ihr beliebt, so erzählt man, entführt sie gutaussehende junge Männer, die ahnungslos am Strand spazieren gehen, und nimmt sie mit in verborgene Wasserwelten. Als Herrin des Meeres schützt sie andererseits Fischer, Seeleute und Sammler von Vogelnestern, und einige Javaner sind davon überzeugt, dass sie fruchtbaren Regen auf die Felder bringen kann.[1] Verehrt wird sie jedoch vor allem, weil man glaubt, sie kontrolliere die Naturgewalt des Meeres und könne Seebeben verursachen. Um sie zu besänftigen, opfert ihr die Bevölkerung Reis, Gemüse, Hühnerfleisch, Stoffe und Kosmetika zu festgelegten Feiertagen oder wenn ein Unheil geschehen ist. Indonesien liegt mitten im pazifischen Feuerring, und die Erde ist hier immer in Bewegung. Manchmal führt dies zu größeren Katastrophen wie 2006, als ein Tsunami Yogyakarta und viele Küstendörfer traf. Mehr als 6000 Menschen starben. Das Beben kam unerwartet, denn die Bevölkerung hatte sich auf einen feuerspeienden Vulkan, den Merapi, konzentriert, der seit Wochen Rauchschwaden und Magma ausstieß. Der eigens dafür zuständige Priester vollführte Rituale auf dem Berg, bis dieser wieder ruhiger wurde. Stattdessen brachte der Ozean Tod und Verderben. Viele Bewohner waren sich sicher, dass dies Ratu Kidul zuzuschreiben war, die sich vernachlässigt gefühlt und aus Eifersucht gehandelt hatte. Als ihre Fluten Häuser und Menschen unter sich begruben, war ihr die Aufmerksamkeit wieder sicher. Die Bevölkerung

Islamisches Internat für Transgender (*waria*) in Yogyakarta, 2017

strömte an den Strand, holte die versäumten Pflichten nach und huldigte der sich beruhigenden Königin.

In vielen Gesellschaften werden weibliche Wasserwesen verehrt. Nixen, Meerjungfrauen und Sirenen bevölkern mythische Erzählungen auf allen Kontinenten. In einigen Regionen haben sich regelrechte Kulte um geheimnisvolle Nymphen herausgebildet, die in Flüssen, Teichen und Ozeanen zu Hause sind.[2] Allerdings ist Yogyakarta eine muslimische Stadt, deren Einwohner zu 92 Prozent dem sunnitischen Islam zugerechnet werden. Dieser wiederum ist nach Auffassung von Vertretern der muslimischen Orthodoxie nicht mit einem Göttinnenkult vereinbar, denn dieser sei *shirk*, unerlaubter Polytheismus, der das Prinzip des muslimischen Monotheismus verletze. So denken in Indonesien Anhänger eines regeltreuen Islam, die *santri* genannt werden.[3] *Santri* vertreten wortwörtliche

Auslegungen der religiösen Quellen und befolgen die Pflichten des orthodoxen Normenkatalogs. Doch die *santri* machen nur einen Teil der Muslime aus.

Eine zweite Gruppe sind die *abangan*. Der Historiker Merle Rickleffs führt den Begriff auf das javanische Wort *abang* zurück, das «rot» bedeutet.[4] *Abang* steht linguistisch im Kontrast zu *putih*, «weiß». Aufgrund ihrer weißen Kleidung werden die *santri* auch *putihan*, die Weißen, genannt, während die *abangan* die Roten sind. Hinter diesen Einteilungen in Farben stehen soziale und ökonomische Gegensätze. *Santri* findet man vor allem unter Händlern, wohlhabenden Bauern und den gebildeten städtischen Mittelschichten. Sie sind gut organisiert, unterhalten Verbände mit mehreren Millionen Mitgliedern und sind gegenwärtig in einen fundamentalistischen und einen traditionellen Flügel unterteilt. *Abangan* dagegen sind einfache Menschen, die nicht in weißen Kleidern herumlaufen. Sie scheren sich wenig um islamische Verhaltensvorschriften, modifizieren sie nach Belieben und opfern den Wesen der beseelten Natur, wie der Göttin des Südmeeres. Eine dritte Kategorie javanischer Muslime sind die *priyayi*. Es handelt sich gewissermaßen um die *abangan* unter den Gebildeten, die wie die einfache Bevölkerung einer mystischen Variante des Islams anhängen, sich aber stärker an der Philosophie und an meditativen Praktiken orientieren.

Das Streben nach Harmonie

Der Islam der *abangan* und *priyayi* wird heute als *kejawen*, «Religion Javas», oder auch als *kebatinan,* «Religion des Inneren», bezeichnet. Der Begriff *kebatinan* enthält den Wortstamm *batin*, «das Innere». Das Innere ist nicht ohne ein Äußeres denkbar. Innen und Außen sind zwei Seiten der Wirklichkeit, zwei Dimensionen des Kosmos, zwei Formen der Welterfahrung. Anhänger des *kejawen* sind davon überzeugt, dass das Äußere letztlich nur eine Fassade ist, hinter der sich das Transzendente verbirgt.[5] Es handelt sich um einen Glauben, der den spirituellen Kern aller Erscheinungen betont und eng mit Fragen einer Ethik verbunden ist, die den Menschen selbst sowie seine Beziehungen zur Gesellschaft und zum Göttlichen gestaltet. Innerhalb der javanischen Philosophie wird der Mensch als Funke einer allgegenwärtigen spirituellen Essenz verstanden, die auf ein Höchstes Wesen zurückgeht. Mit dieser unsichtbaren Welt möchte er sich wiedervereinigen, möchte eine Verbindung herstellen. Die eigene Seele soll sich der göttlichen Allseele annähern.

Dafür müssen Hindernisse überwunden werden, die das innere Selbst an die sichtbare Welt fesseln, insbesondere die körperlichen Begierden, die Leidenschaften und Emotionen. Aus diesem Grund sind Meditation, Askese und andere Formen der Versenkung ebenso wichtige religiöse Praktiken wie ein gemäßigtes Verhalten im Alltag, das geeignet ist, Harmonie (*rukun*) zu erzeugen. «Für den Javaner ist seine Weltanschauung nicht ein ausdrücklich artikulierter Glaube», schreibt der Philosoph Franz Magnis-Suseno, der als Mitglied des Jesuitenordens auf Java lehrt und arbeitet, «sondern mehr eine Weise, wie er Natur, Gesellschaft und Übernatur als Einheit erfährt. Er ist weltanschaulicher Pragmatiker, die Richtigkeit seiner deskriptiven Überzeugungen mißt sich daran, inwiefern sie ihm helfen, innerlich ruhig, gelassen und im Frieden zu leben.»[6]

Der innere Friede stellt sich dann ein, wenn die Beziehungen des Menschen auf allen kosmologischen Ebenen harmonisch sind. Es geht um die Bewahrung eines Status quo und um angemessene Handlungen des Einzelnen. Angemessenheit bedeutet die Akzeptanz einer als natürlich verstandenen kosmischen Ordnung und das strikte Einhalten von Regeln, die der Harmonie dienen. Diese Regeln betreffen den Einzelnen und die engere Gemeinschaft ebenso wie die Gesellschaft als Ganze. Javaner unterscheiden zwischen dem Kultivierten (*halus*) und dem Unkultivierten (*kasar*). Kultiviertes Betragen ist durch Höflichkeit gekennzeichnet, durch Respekt gegenüber dem Anderen und dem Einverständnis mit sozialen Hierarchien. Ungehobeltes Betragen, emotionale Ausbrüche oder das offene Austragen von Konflikten gelten als unkultiviert. Leidenschaftliches Verhalten wird, so Magnis-Suseno, nur von «Kindern, Tieren, Verrückten und Ausländern» erwartet.[7] Ein kultivierter Mensch nimmt sein Schicksal genauso an wie seinen Platz in der Gesellschaft und erträgt geduldig Dinge, die nicht zu ändern sind.

Die Gemeinschaft wird durch Rituale gestärkt, die man *slametan* nennt. *Slamet* ist ein spirituell verstandenes Heil, das durch Gebete, Opfer oder Anrufungen erbeten und durch gemeinsames Essen im Kreis der Familie oder der Nachbarschaft erreicht werden soll. *Slametan* werden anlässlich besonderer Lebens- oder Jahresereignisse begangen. Hochzeiten und Begräbnisse sind solche Anlässe, aber auch Schwangerschaften, Geburten, die Beschneidung der Knaben, Reisen, berufliche Beförderungen oder das Einbringen der Reisernte. Die Essenz des Rituals besteht aus dem Teilen von Lebensmitteln und im gemeinsam verzehrten Festmahl. Dieses Zelebrieren der Gemeinschaft gründet zwar in den lokalen Traditionen Javas, lässt sich aber mit muslimischen Geboten des Teilens und der Sorge für die Armen kombinieren.[8]

Die javanische Harmonielehre schließt die Beziehungen zur übernatürlichen Welt mit ein. Das Leben ist nach allgemeiner Auffassung in den Rhythmus der Natur integriert, und hinter allem stehen Kräfte, die als Geistwesen personifiziert werden können. Zu den die Natur verkörpernden Wesen kommen familiäre Ahnen, bedeutende verstorbene Personen wie Dorfgründer, aber auch Engel und Teufel.[9] Geistwesen können Positives oder Negatives bewirken, sind meist ambivalent und kapriziös und reagieren auf menschliche Handlungen. Man glaubt, dass sie regelmäßige Gaben erwarten, Blumen- oder Speiseopfer, die an bestimmten Orten, im Haus, an heiligen Plätzen oder am Rande eines Feldes niedergelegt werden müssen. Man erbittet von ihnen Erfolg bei Unternehmungen, Genesung im Krankheitsfall oder eine gute Ernte. In der Familie oder Nachbarschaft stehen Älteste, Priester und Dorfchefs in der Verantwortung, die guten Beziehungen zur transzendenten Welt zu erhalten. In der javanischen Gesellschaft sind es die politisch-religiösen Eliten, die dafür zuständig sind. In Yogyakarta fällt diese Aufgabe

dem Sultan zu. Er ist das politische, spirituelle und religiöse Oberhaupt der Gläubigen. Seine Rolle besteht vornehmlich darin, die
Harmonie in dem ihm anvertrauten Herrschaftsgebiet zu bewahren
und seine Untertanen vor Unheil zu beschützen. Das schließt die
Abwehr von Naturkatastrophen ein, die auf Java eine permanente
Gefahr darstellen. In allen lokalen Kulturen des indonesischen
Archipels werden die Naturkräfte personifiziert und rituelle Experten damit beauftragt, sie mit Ansprachen und Opfergaben positiv
zu beeinflussen. Im muslimischen Yogyakarta fällt dem Sultan die
Aufgabe einer Zähmung der bedrohlichen Natur zu. Sein Palast,
der *kraton*, befindet sich auf halbem Weg zwischen dem Vulkan
Merapi im Norden und dem Meer im Süden.[10] Zu beiden muss er
eine harmonische Beziehung bewahren. Das geschieht nicht zuletzt
über die Etablierung verwandtschaftlicher Bande, denn er gilt als
spiritueller Ehemann der Göttin Ratu Kidul.[11]

Der Sultan ist aber nicht nur Schutzherr und Verkörperung des
nichtmuslimischen Erbes Javas. Er lässt auch Zeremonien während
des Fastenmonats Ramadan oder anlässlich des Geburtstages Mohammeds durchführen. Auf diese Weise wird der javanische Geis-
terglaube mit dem orthodoxen Islam verbunden und die Legitimität des Sultans gestärkt.[12]

Java als religiöser Schmelztiegel

Ein Blick in die Geschichte zeigt, dass der indonesische Archipel
schon früh unter indischen Einfluss geriet. Bereits im 1. oder 2. Jahrhundert etablierte sich der Shivaismus an javanischen Fürstenhöfen.[13] Vom 7. bis zum 13. Jahrhundert beherrschte eine buddhistische Seemacht mit dem Zentrum Westsumatra große Teile des
insularen Südostasiens, und im 8. Jahrhundert entstand in Mittel-
java die ebenfalls buddhistisch geprägte Sailendra-Dynastie, die
den Borobudur, die größte buddhistische Tempelanlage der Welt,
erbauen ließ. Gleichzeitig konstituierte sich das hinduistische Reich
Mataram, das der Nachwelt die Prambanan-Tempelanlage hinter-

lassen hat, die eine der größten hinduistischen Heiligtümer Südostasiens darstellt. Der Borobudur befindet sich 25 Kilometer nordwestlich von Yogyakarta, die Prambanan-Tempel liegen nur 18 Kilometer östlich der Stadt. Auch in Bezug auf diese Heiligtümer befindet sich die Stadt im Zentrum. Das letzte große hinduistische Reich war Majapahit im Osten Javas, das die Seewege im gesamten südostasiatischen Inselraum vom 13. bis zum 16. Jahrhundert dominierte. Java stand also 1600 Jahre lang unter buddhistischem und hinduistischem Einfluss, bevor islamische Händler aus dem indischen Gujarat an den Küsten landeten. Der Islam wurde von Fürsten angenommen, die mit den hinduistischen Machthabern konkurrierten und ihre eigene magische Potenz durch den Islam stärken wollten. Ende des 15. Jahrhunderts drängte das Sultanat Demak das durch interne Konflikte in Auflösung begriffene Majapahit in den Osten Javas und nach Bali zurück, wo der Hinduismus auch heute noch stark ist. Moscheen und islamische Bildungseinrichtungen wurden eröffnet, und ein stark mystisch ausgerichteter Islam fasste Fuß. Dennoch blieben viele Elemente der vorislamischen Religionen bestehen. «Unter einem dünnen islamischen Firnis», so Magnis-Suseno, seien «die alten hindujavanischen Traditionen» wieder aufgenommen worden.[14] Das Sultanat Yogyakarta sieht Magnis-Suseno als Nachfolger des alten Mataram.

Mit dem Buddhismus und Hinduismus wurde ein rigides und religiös-politisches System etabliert, dem der Fürst als Zentrum des Universums vorstand.[15] Für die lokalen Herrscher bedeutete die Religion eine Stärkung ihrer Position, die sakralisiert wurde. Sie galten als Gottkönige und als Inhaber kosmischer Kräfte, die dem Land zugutekamen. Ein Objekt dieses zentralistischen mystischen Universums war der *kris*, ein magischer Dolch, der sich in die Lüfte erheben und die Feinde seines Besitzers liquidieren kann. Die Messer werden bis auf den heutigen Tag auch von Muslimen als heilige Gegenstände verehrt. Ihre Hersteller sind hochgeachtete und privilegierte Mitglieder der höfischen Elite. Gegenüber solchen festgefügten Hierarchien und einer Ethik, die den Platz des Einzelnen in der hierarchischen Ordnung zementiert, betonten viele orthodox-muslimische Denker die Gleichheit aller Gläubigen.[16] Die egalitären Ideen haben zweifellos zum Erfolg der islamischen Mission auf Java beigetragen. Personifizierungen dieser Gleichheit sind die *wali songo*, neun heilige muslimische Priester-Krieger, deren Andenken man bis auf den heutigen Tag pflegt. Sie sollen die hinduistische Bevölkerung mit ihrem einfachen Lebensstil überzeugt und zur Konversion zum Islam gebracht haben.[17] Noch heute werden sie in populären Medien als vorbildliche Alternativen zu den vermeintlich ausbeuterischen und tyrannischen Majapahit-Herrschern dargestellt. Tatsächlich scheint der Missionserfolg aber auch darauf zu beruhen, dass der javanische Hinduismus und der sufistische Islam einander ähnlich waren.[18] Es wird sogar die These vertreten, dass sich der javanische Islam am Islamverständnis des andalusischen Mystikers Ibn al-Arabi orientierte.[19] Vor allem in der Figur des Herrschers, der als spiritueller Beschützer der Menschen seines Reiches galt, trafen sich hinduistische und sufistische Vorstellungen. Der Historiker Merle Ricklefs spricht von einer mystischen Synthese, die eine lange Periode kriegerischer Auseinandersetzungen beendete, in der die Religionszugehörigkeit der Beteiligten die wichtigste Rolle spielte.[20] Diese neue Synthese beinhaltete auf der einen Seite die Akzeptanz der Fünf Säulen des Islams und auf der anderen Seite die Anerkennung spiritueller Kräfte wie der Ratu Kidul. Der Palast blieb dabei ein magisches Zentrum, das alle Kräfte bündelte.[21]

Heute manifestieren sich die hybriden Verschmelzungen der javanischen Religion beispielsweise im rituellen Schattentheater (*wayang*), das auf indisch-hinduistische Theatervorführungen zurückgeht. Der Überlieferung zufolge soll einem der Sultane des Reiches Demak von muslimischen Geistlichen untersagt worden sein, eine Aufführung zu veranstalten, weil die Darstellung von Menschen im Islam verboten sei. Daraufhin habe er, so die Geschichte, das Schattentheater erfunden. Dabei bewegt ein Spielmeister aus Leder gefertigte Figuren hinter einer Leinwand. Das Publikum sieht nur noch die Schatten, nicht mehr die wirklichen Figuren, und das islamische Bilderverbot konnte umgangen werden. Ursprünglich wurden beim *wayang* hinduistische Epen aufgeführt, denen ein erzieherischer Wert zugemessen wurde, heute ist das inhaltliche Spektrum breiter. Es gibt sogar Stücke mit islamischen Inhalten, die in der Vergangenheit für Missionszwecke genutzt wurden.[22] Auch die Anlässe für eine Aufführung können muslimisch gerahmt sein. So finden regelmäßig Schattenspiele zu Ehren von Mohammeds Geburtstag statt. Noch immer erfreuen sich allerdings die großen indischen Epen, das Mahabharata und das Ramayana, großer Beliebtheit. Seine Protagonisten sind edel und tapfer oder grobschlächtig und gemein und entsprechen damit den Kategorien des Kultivierten und Unkultivierten, die in der javanischen Ethik eine so wichtige Rolle spielen. Die Protagonisten des Schattenspiels sind so beliebt, dass sich sogar Politiker bis hin zu den indonesischen Präsidenten öffentlich mit ihnen identifizierten und so zur gleichbleibenden Anerkennung des *wayang* beitrugen.[23]

Die Aufführungen des Schattentheaters werden gewöhnlich durch musikalische Darbietungen von *gamelan*-Orchestern untermalt, bei denen Metallophone und Trommeln, oft auch Flöten, Lauten und Schüttelidiophone aus Bambus zum Einsatz kommen. *Gamelan* steht für eine autochthone javanisch-balinesische Musik, die bereits in den Manuskripten des Majapahit erwähnt wird. Viele Javaner glauben, dass ihre Klänge eine spirituelle Dimension besitzen, die einen besonderen Zugang zum Transzendenten ermöglicht.[24] Eine dritte hybride Kunstgattung ist der klassische Tanz, der ebenfalls unübersehbar hinduistische Ursprünge hat. Tanz, *gamelan*-Musik und Schattentheater sind gleichermaßen hohe Kunst und einfache Vergnügungen. Es gibt traditionelle Inszenierungen und moderne Aufführungen, die sich vollkommen vom Ursprung gelöst haben. Einige Vorstellungen sind schlicht und volkstümlich, andere stellen große Ansprüche an tänzerische und musikalische Fähigkeiten. Das Zentrum der klassischen javanischen Künste ist der Palast des Sultans, wo Tanz, *wayang* und *gamelan* regelmäßig auf höchstem Niveau dargeboten werden.

Konflikte und Weichenstellungen

In Yogyakarta sind viele Menschen davon überzeugt, dass ihre Stadt und speziell der Sultanspalast das spirituelle Zentrum Indonesiens darstellen.[25] Vertreter der Orthodoxie sehen das anders und *kejawen* gilt ihnen schlicht als Häresie. Ihr Islamverständnis hat seinen Ursprung in der arabischen Welt, besonders in den salafistischen Reformbewegungen, die im 19. Jahrhundert in Ägypten begannen und sich schnell ausbreiteten. 1912 wurde auf Java die salafistische Vereinigung Muhammadiyah gegründet, die ihre Basis bei urbanen gebildeten Schichten hat. Wenige Jahre später folgte die traditionalistische Nadhlatul Ulama (NU), die «Renaissance der Rechtsgelehrten», die eher im ländlichen Raum operiert. Beide Gruppen können den *santri*, den «Weißen», zugerechnet werden, allerdings bestehen vielfältige Überschneidungen zwischen der Glaubenspraxis der Nadhlatul Ulama und der *kejawen*-Religion. Die Muhammadiyah hingegen sah den javanischen Synkretismus von Anbeginn an als «unislamische Verirrung», die so schnell wie möglich beseitigt werden sollte.[26] Am Unabhängigkeitskampf gegen die niederländische Kolonialmacht waren zahlreiche *santri*-Gruppen beteiligt. Ihr Ziel war die Etablierung eines postkolonialen islamischen Staates in Indonesien. Der erste Präsident des unabhängigen Staates, Sukarno, hielt dagegen. Er war ein Vertreter der Religion Javas und vereinigte in seiner Person die idealen Eigenschaften eines javanischen Herrschers: Charisma, Toleranz und Spiritualität. Er war beliebt und führungsstark, und es gelang ihm, Indonesien gegen den erklärten Willen der orthodox-islamischen Elite als multikulturellen und multireligiösen Staat zu konstituieren. Der Verfassung stellte er eine Präambel voran, die «Pancasila», das Sanskritwort bedeutet «fünf Prinzipien». Eines dieser Prinzipien ist der Monotheismus, das heißt der Glaube an einen allmächtigen Gott, der allerdings so unbestimmt ist, wie es nur ein javanischer Gott sein kann. Durch die pluralistische Leitkultur, die im Staatsmotto «Einheit in der Vielfalt» ihren passenden Slogan fand, rettete Sukarno die junge Nation vor einer Abspaltung der christlich dominierten Außeninseln im Osten des Archipels, die bereits angekündigt hatten, sich niemals in einen islamischen Staat eingliedern zu wollen. Viele Muslime waren jedoch mit Sukarnos Kurs nicht einverstanden und fühlten sich betrogen. Sie starteten eine bewaffnete Rebellion, die fünfzehn Jahre andauern sollte, und kämpften weiter für einen postkolonialen islamischen Staat. Nach ihrer militärischen Niederlage wurde der politische Islam verboten. Unter dem zweiten Präsidenten Suharto begann eine zweiunddreißigjährige säkulare Diktatur, die 1998 nach einer breiten Protestbewegung in eine Demokratie überführt wurde.[27]

Seit dieser Zeit hat sich eine städtische Kunst- und Kulturszene herausgebildet, die die Grenzen des Erlaubten austestet. Gleichzeitig entstanden auch islamistische Organisationen, die das Projekt des islamischen Staates wieder aufnahmen und dabei der neuen Libertinage und der alten Religion Javas gleichermaßen den Krieg erklärten.[28] Der tolerante javanische Islam befindet sich mittlerweile in ernsthaften Schwierigkeiten. Noch, so zeigen Wahlergebnisse, sind seine Vertreter in der Überzahl, aber sie sind bereits gezwungen, bei Regierungsbildungen mit Personen zusammenzuarbeiten, die eine arabisierte Orthodoxie umsetzen möchten. Auf lokaler Ebene verweigern islamistische Politiker immer häufiger Genehmigungen für *kejawen*-Rituale. Selbst der Sultan von Yogyakarta gerät unter Druck.[29] Ein Hoffnungsschimmer sind gegenwärtig ausgerechnet Vertreter der Nahdlatul Ulama. Der derzeitige Generalsekretär der Organisation, Kyai Haji Yahya Cholil Staquf, erklärte, dass sich der indonesische Islam fundamental von dem anderer Länder unterscheide.[30] Er definierte die Scharia als Korpus ethischer Prinzipien, die Muslime mit den Vertretern aller anderen Religionen teilten, und betonte die «zivilisatorische Weisheit» der indonesischen Muslime, die sich in einem multikulturellen und multireligiösen Staat manifestiere. In einem solchem Islam, der die Gleichheit aller Menschen würdige, habe auch die Kategorie des Ungläubigen (*kafir*) keinen Bestand mehr.

10. CHINA

Unter den Augen der Kommunistischen Partei

Die vorletzte Station unserer fiktiven Reise führt uns nach China zu den Hui. Anders als die Uiguren gelten sie als originär chinesische Muslime. Sie sprechen Mandarin, unterscheiden sich physiognomisch nicht von der Mehrheitsbevölkerung der Han-Chinesen und haben es jahrhundertelang verstanden, ihren Platz in der Gesellschaft durch einen Balanceakt zwischen Anpassung und Bewahrung kultureller Eigenständigkeit zu behaupten. Von Vorteil hat sich dabei ihre Bereitschaft erwiesen, Elemente chinesischer Traditionen in den Alltag zu integrieren.

Arabische Kaufleute im Reich der Mitte

Die Volksrepublik China hat zurzeit 1,4 Milliarden Einwohner. 21–25 Millionen von ihnen bekennen sich, nach offiziellen Angaben, zum Islam. Die größte Gruppe der Muslime wird Hui genannt. Ihnen werden mehr als zehn Millionen Menschen zugerechnet, die in unterschiedlichen Teilen des Landes zu Hause sind, in den Provinzen bzw. autonomen Gebieten Ningxia, Gansu, Xinjang, Qinghai, Hebei, Henan, Yunnan sowie Shandong.[1] Es ist nicht einfach zu definieren, wer die Hui sind, da es sich nicht um eine einheitliche Ethnie im klassischen Sinne handelt, sondern um Menschen mit unterschiedlichen Abstammungen und kulturellen Prägungen. Dennoch besitzen sie mittlerweile den Status einer anerkannten nationalen Minderheit und haben ein Bewusstsein ihrer Besonderheit herausgebildet, das man als kollektive Identität bezeichnen könnte.[2]

Die Geschichte der Hui begann in der Tang-Dynastie (618–907) mit ersten Kontakten zwischen dem chinesischen Kaiserreich und der frühislamischen Abbasiden-Dynastie. Am Hof der Tang herrschte ein Klima der Toleranz, und ausländische Gesandte waren ein gewohntes Bild.[3] China unternahm damals große Anstrengungen, ein Netz von Handelsverbindungen aufzubauen, die auf dem Landweg vom zentralchinesischen Xian über Afghanistan und den Iran bis zum Mittelmeer reichten. Sie wurden später als Seidenstraße bekannt. Ein Seeweg, der ab dem 10. Jahrhundert zunehmende Bedeutung erlangte, führte vom Persischen Golf über die Straße von Malakka zu südchinesischen Städten. Auf diesen Wegen gelangten arabische, persische und zentralasiatische Händler ins «Reich der Mitte».[4] Während der Song-Dynastie (960–1279), in einer Zeit der wirtschaftlichen und kulturellen Blüte, intensivierte sich der Handel. Der Nassreisanbau wurde eingeführt und neue Siedlungen entstanden. Der Kaiser vergab Lizenzen für die Einfuhr ausländischer Waren und warb gezielt Kaufleute aus dem islamisch geprägten Raum an. Diese kamen gerne, denn Muslime waren wohl gelitten und lebten unbehelligt in eigenen Stadtvierteln, wo sie eine eigene religiöse Infrastruktur errichteten. Eines der Zeugnisse dieser Zeit ist die große Moschee von Xian. Seit 1988 steht sie auf der Liste der Denkmäler der Volksrepublik China. Ihr Stil ist unverkennbar chinesischen Tempeln nachempfunden und verdeutlicht, dass es auf Seiten der Muslime eine große Bereitschaft zur Anpassung an lokale Gepflogenheiten gab.

Aus den temporären Aufenthalten der Muslime entstanden nach und nach dauerhafte Ansiedlungen. Manch einer heiratete eine einheimische Frau und machte im Staatsdienst Karriere. Muslime erhielten hohe Positionen im Beamtenapparat und im Militär.[5] Die Voraussetzung für eine solche Laufbahn war allerdings der Nachweis einer traditionellen chinesischen Erziehung.[6] Das schien kein Problem gewesen zu sein, denn es wird überliefert, dass sich Muslime konfuzianischen Studien widmeten und sogar zur Verbreitung des Konfuzianismus beitrugen. Ein Beispiel ist Seyid Edjall, der im

Eingang zur Gebetshalle der Großen Moschee von Xian, 2015

13. Jahrhundert zunächst am kaiserlichen Hof als Finanzverwalter tätig war und dann Gouverneur in der Provinz Yunnan wurde. Er soll in dieser Funktion den Bau zweier Moscheen und eines konfuzianischen Tempels in Auftrag gegeben haben.[7]

Im 13. Jahrhundert wurde China von Kublai Khan erobert, und mit der Yuan-Dynastie (1279–1368) begann ein Jahrhundert mongolischer Herrschaft. Die Mongolen, die den Islam angenommen hatten, förderten den internationalen Handel und gezielt auch Einwanderungen von Muslimen, die jetzt nicht mehr allein in den Städten konzentriert waren, sondern sich auch als Bauern auf dem Land niederließen. Viele von ihnen gehörten Sufi-Bruderschaften an. In dieser Periode besetzten Muslime ebenfalls einflussreiche Positionen im Staatswesen und machten sich in den Bereichen der Philosophie, Literatur und Pharmazie sowie im Bauwesen einen Namen.[8]

Während der darauffolgenden Ming-Dynastie (1368–1644) kam es zu einem deutlichen Rückgang des wirtschaftlichen Austausches mit der islamischen Welt, der vor allem durch die Konkurrenz der aufstrebenden italienischen Handelsstädte bedingt war. Für die Muslime in China bedeutete dies die Notwendigkeit, sich stärker auf ein ausschließliches Leben in China einzustellen. Gleichzeitig wurde die staatliche Politik gegenüber Einwanderern repressiver. Die Anpassung an chinesische Sitten, die zuvor aus freien Stücken erfolgt war, wurde jetzt staatlicherseits angeordnet. Ausländische Namen und das Tragen ausländischer Kleidung wurden verboten, der Gebrauch der chinesischen Sprache vorgeschrieben.[9] Andererseits wurden zahlreiche Moscheen errichtet, und der Islam erhielt den Status einer nationalen Religion.[10] Die erzwungene Sinisierung wurde von den Muslimen offensichtlich akzeptiert. Chinesische Autoren sprechen sogar von einem «goldenen Zeitalter des chinesischen Islam».[11] Während der Ming-Dynastie entwickelten Muslime pädagogische Neuerungen für das islamische Bildungssystem, das sufistische, orthodox-islamische und konfuzianische Elemente miteinander kombinierte. Der Gelehrte Hu Dengzhou, der einen Lehrplan für die Ausbildung von Geistlichen ausarbeitete, integrierte chinesische Klassiker in das Curriculum.[12] Muslime reüssierten weiterhin im Staatsdienst und brachten Personen des öffentlichen Lebens hervor, die noch heute bekannt sind. Einer von ihnen war der Admiral Zheng He alias Hadschi Mahmud Schams (1371–1433), der sieben große Expeditionen in den Pazifik und den Indischen Ozean durchführte und dabei bis Ostafrika vordrang. Seine mit roten Segeln beflaggte Drachenflotte transportierte Gewürze und Juwelen.

In der auf die Ming folgenden Qing-Dynastie (1644–1911) wurde das Verhalten des Staates gegenüber Muslimen zunehmend repressiver. Eheschließungen muslimischer Männer mit Han-Chinesinnen wurden ebenso untersagt wie der Bau neuer Moscheen oder die Pilgerfahrt nach Mekka. In Moscheen mussten zudem Tafeln aufgestellt werden, auf denen ein Segen für den Kaiser erbeten wurde. Bücher wurden auf den Prüfstand gestellt und waren von Zensurmaßnahmen bedroht. Die Nutzung der persischen und arabischen Sprache wurde weiter eingeschränkt, und selbst in den Moscheen musste Mandarin gesprochen werden. Der Koran wurde ins Chinesische übersetzt.

Der Prozess der Sinisierung während der Kaiserdynastien war insgesamt außerordentlich ambivalent. Einerseits wurde eine kulturelle Assimilierung und ein positives Bekenntnis zum Herrscher erzwungen, andererseits gelangten Muslime zunehmend in einflussreiche Beamtenpositionen.[13] Zur Vervollständigung des Bildes gehören aber auch zahlreiche Aufstände von Muslimen gegen die Obrigkeit. Die Ursachen der Unzufriedenheit waren meist ökonomischer Natur. Sie wurden durch Missernten und Hungersnöte ausgelöst und richteten sich gegen Korruption und die staatliche Steuerpolitik. Auf lokaler Ebene kam es immer wieder zu Streitigkeiten um Ressourcen zwischen Muslimen und Nichtmuslimen, die nicht selten gewaltsam ausgetragen wurden.[14] Im 19. Jahrhundert wurde das Land durch eine Reihe aufeinanderfolgender regionaler Rebellionen erschüttert, auf die die Regierung mit der Einbindung muslimischer Respektspersonen in die lokalen Verwaltungen reagierte. Sie ernannte Verantwortliche auf lokaler Ebene, darunter häufig Moscheevorsteher, die damit betraut wurden, Anweisungen der Regierung in den Gemeinschaften umzusetzen.[15]

Revolutionäre Religionspolitik

1912 endete die Zeit der Kaiserreiche. Nach einem langen Bürgerkrieg zwischen der bürgerlichen Kuomintang und den bewaffneten Einheiten der kommunistischen Partei, der von 1927 bis 1949 dauerte, rief Mao Zedong 1949 die Volksrepublik China aus. Für die chinesischen Muslime bedeutete dies die Gewährung einer gesetzlich garantierten Religionsfreiheit. Die Hui wurden als eine von 56 Nationalitäten anerkannt, deren Rechte die Verfassung garantierte. Neben den Han-Chinesen, zu denen rund 92 Prozent der Bevölkerung zählen, gibt es 55 anerkannte Minderheiten. Autonome Gebiete wurden geschaffen, deren wirtschaftliche und kulturelle Entwicklung mit Sondermitteln gefördert wurden. 1955 wurde ein solches Gebiet in Xinjiang für die Uiguren und 1958 in Ningxia für die Hui eingerichtet. Der Status als anerkannte Minderheit ist bis heute mit einigen Vorteilen wie Steuererleichterungen und einem privilegierten Zugang zu Ausbildungs- und Studienplätzen verbunden.[16] Außerdem waren Minderheiten der restriktiven Ein-Kind-Politik nicht in gleichem Maß wie die Han-Chinesen unterworfen. Für die Hui in Ningxia galt, dass jedes verheiratete Paar ein Kind bekommen durfte, wenn es in der Stadt wohnte, zwei Kinder, wenn es auf dem Land und drei Kinder, wenn es in den Bergen lebte. Allerdings scheint es, dass die Behörden es unterließen, Abweichungen von der Norm zu sanktionieren.[17] Im Ergebnis wuchs die Bevölkerung der Minderheiten sehr viel stärker als die der Han-Chinesen.[18]

Trotz der verbürgten Religionsfreiheit waren ihr in der Praxis empfindliche Grenzen gesetzt, weil Muslime als Gegner der großen Reformvorhaben wahrgenommen wurden, die die kommunistische

Partei plante. Partei-Kader forderten eine bedingungslose Loyalität zum Staat und die Bereitschaft, diese auch zu demonstrieren. Viele Muslime waren dazu nicht bereit und galten deshalb als staatsfeindlich. Ein Grundproblem war zudem, dass Religion als «Opium des Volkes» unter dem Verdacht stand, reaktionäres Gedankengut zu konservieren und dem Sozialismus im Wege zu stehen.[19] Vor allem während der Agrarrevolution des «Großen Sprungs nach vorn» (1958–1961) und der Kulturrevolution (1966–1976) agierte die Partei religionsfeindlich. Moscheen wurden verstaatlicht, in Lagerhäuser und Schulen umgewandelt oder zerstört, Imame als Konterrevolutionäre angeklagt, islamische Vereinigungen aufgelöst und die islamische Bildung verboten.

Nach dem Ende des Reformfurors wurden die Moscheen wiedereröffnet, die inhaftierten muslimischen Führer aus der Haft entlassen und die Religionsfreiheit wiederhergestellt. Von einer umfassenden Entspannung konnte jedoch keine Rede sein. Das lag nicht zuletzt daran, dass der alte sinisierte Islam seit dem Ende des 19. Jahrhunderts durch Lehren aus dem arabischen Raum herausgefordert wurde, die jede Art des Synkretismus als unislamisch verurteilen.[20] Die wichtigste ist in China die Lehre der *yihewani*, die von einem chinesischen Imam namens Ma Wanfu (1853–1934) ausging, der in Mekka studiert hatte und dort mit dem Wahhabismus in Berührung gekommen war.[21] Der Islam der *yihewani* wird als «Lehre des neuen Aufblühens» und sie selbst als «Sekte der Befolgung der kanonischen Bücher» bezeichnet, weil sie in den muslimischen Gemeinschaften eine normative Ordnung durchzusetzen suchten, die sich allein am Koran und der *sunna* ausrichtete. Ihre Anhänger positionierten sich entschieden gegen den populären chinesischen Sufismus und gegen Bräuche, die nicht ihrem fundamentalistischen Islamverständnis entsprachen. Dazu gehörten die chinesische Sprache, der chinesische Stil der Moscheen, aber auch das Tragen weißer Gewänder bei Trauerzeremonien.[22] Die Vorgabe der Regierung, dass Muslime sich wie alle Chinesen als Patrioten zeigen und einen Beitrag zum Prosperieren des Landes leisten sollten, wiesen sie zurück und bezeichneten diesbezügliche Maßnahmen als Unterdrückung des Islams.

Eine ähnliche Auffassung vertraten auch die Salafisten, die ursprünglich Teil der *yihewani* waren, sich aber 1937 von ihnen trennten. Auch sie orientierten sich am Islam Saudi-Arabiens.[23] Folgen des gegenwärtig sehr virulenten wahhabitisch-salafistischen Islams ist die Ausrichtung der Architektur an arabischen Vorbildern,[24] der Gebrauch der arabischen Sprache, weil man sie für die muslimische Sprache *per se* hält, und eine Präferenz für islamische Schulen.[25] Da dort vor allem religiöse Fächer angeboten werden, sinkt der Bildungsstandard der Muslime. Mittlerweile macht diese Entwicklung auch Bildungsexperten der Hui Sorgen, die anmerken, dass ihre traditionelle Kultur niemals allein auf die arabische Welt ausgerichtet war, sondern immer eine Melange aus islamischen und chinesischen Elementen darstellte. Eine Verengung auf das Arabische, so die Kritiker der gegenwärtigen Entwicklung, trenne die Hui von ihren eigenen Wurzeln und der sich modernisierenden chinesischen Gesellschaft gleichermaßen.[26]

Ein Islam chinesischer Prägung?

Die chinesische Gesellschaft basiert den Vorstellungen der kommunistischen Partei zufolge auf der Zustimmung der Minderheiten zur Politik von Partei und Staatsführung und einer Akzeptanz dessen, was man chinesische Leitkultur nennen könnte. Dazu gehört auch ein Islam chinesischer Prägung. Einer Identifizierung der Hui mit China steht allerdings vieles entgegen, etwa die Vorstellung der Hui von Reinheit, die sich an arabisch-islamischen Werten und daraus abgeleiteten Praktiken orientiert.[27] Die Ethnologin Maris Gillette ist der Ansicht, dass die Hui den Kontakt mit Han-Chinesen ablehnen, da sie sie für unrein halten, weil sie wie Schweine Abfall äßen, dreckige Gewohnheiten hätten und sich unmoralisch verhielten.[28] Diese Auffassungen führen zu einem ausgeprägten Meidungsverhalten. Vor allem Frauen, Kinder und ältere Männer unterlassen es, ihre Quartiere zu verlassen, um mit Nichtmuslimen in Kontakt zu kommen. Frauen sind darauf bedacht, niemals Gegenstände zu verwenden, die sie für «verunreinigt» halten. Viele Hui lehnen es aus diesem Grund ab, Getränke oder Essen von Han anzunehmen. Selbst eine Tasse Tee ist inakzeptabel, weil man davon ausgeht, dass das Geschirr nicht sauber gespült wird und eventuell mit verbotenen Substanzen wie Schweinefleisch oder Alkohol in Berührung gekommen ist.[29] Damit verstoßen die Muslime gegen den Verhaltenskodex der Han-Chinesen, denen Gastfreundschaft und das Teilen von Nahrung beziehungsweise das gemeinsame Essen und Trinken wichtig sind. Wahrscheinlich führte die unterschiedliche Haltung zum Schwein bereits in der Frühzeit des chinesischen Islams zu gegenseitigen Ressentiments zwischen Hui und Han und verhinderte ein spannungsfreies Zusammenleben.[30]

Eine Integration der Hui in die chinesische Gesellschaft würde voraussetzen, dass sie sich mit China identifizieren und sich als chinesische Muslime verstehen. Das scheint aber unrealistisch zu sein. Schon in frühen Zeiten, so der Islamwissenschaftler Raphael Israeli, bezogen sich viele Hui-Muslime auf Arabien und die Idee einer globalen *umma* und bildeten eine Diaspora-Identität heraus. Um sich als eigene Gruppe von der chinesischen Mehrheitsgesellschaft abzugrenzen, habe man starke und unabhängige kommunale Strukturen mit einer Moschee im Zentrum geschaffen.[31] Dem hat allerdings Dru Gladney widersprochen, der derzeit renommierteste Anthropologe, der sich mit dem Islam in China befasst. Ihm zufolge war die frühe kollektive Identität der Hui «ethno-religiös» und weniger eindeutig durch den Islam bestimmt.[32] Erst in jüngster Zeit habe sich dies durch den Einfluss der islamistischen Bewegungen geändert. Dafür sei ein Regierungskurs verantwortlich, der diese Bewegungen in China zugelassen hat.[33]

Auch die lange Geschichte von Aufständen und deren Niederschlagung erschwert den Hui die Identifizierung mit dem chinesischen Staat. Teilweise werden die Erinnerungen daran beständig rituell wiederbelebt. Eines dieser Rituale beklagt die Toten einer

niedergeschlagenen Rebellion in Xian, der sogenannten Dunga-
nenaufstände in den Jahren 1862–1873, und bestätigt damit die Auffassung, dass es zwischen beiden Gruppen eine unüberbrückbare
Differenz gibt.[34] In jüngster Zeit wiegt zudem der Konflikt mit den
Uiguren in Xinjiang schwer. Dieser begann 1990, als sich eine
Gruppe von Muslimen der «Islamischen Partei von Ost-Turkestan»
anschloss und zu einem *jihad* gegen die Volksrepublik aufrief. Eine
Serie von Bombenanschlägen uigurischer Separatisten folgte seit
1997. Die Regierung reagierte mit massiver Repression, der man
schnell nachsagte, sie richte sich generell gegen Muslime.

Folklorisierung und Kontrolle

Sowohl die chinesische Regierung als auch die Kommunistische
Partei steht den Muslimen ambivalent gegenüber. Man möchte
staatsfeindliche Umtriebe verhindern und setzt auf Kontrolle und
Anpassung, versteht die heimischen Muslime aber gleichzeitig als
mögliche Mittler in die islamische Welt hinein und versucht deren
Beziehungen zu nutzen. Um beides zu gewährleisten, wurde 1953
die «Islamische Vereinigung Chinas» gegründet, die Repräsentan-
zen auf regionaler und lokaler Ebene unterhält.[35] Ihr Auftrag besteht in der Vertretung muslimischer Interessen gegenüber dem
Staat, der Förderung des muslimischen Patriotismus und der Organisation internationaler Beziehungen. Damit ist die Hoffnung verbunden, neue Absatzmärkte für chinesische Waren zu erschließen,
an internationale Handelsbeziehungen anzuknüpfen und muslimische Investoren zu gewinnen. Letzteres hat sich bis *dato* jedoch
nicht erfüllt, da sich die ausländischen Muslime hauptsächlich am
Aufbau einer islamischen Infrastruktur, an Moscheen, Koranschulen und anderen Einrichtung der Hui-Gemeinschaften interessiert
zeigten.[36] Ob sie willens und in der Lage sind, Staatstreue zu fördern, wird davon abhängen, wie sich das Verhältnis zwischen Muslimen und Han-Chinesen gestaltet, welche Form des Islams sich
entwickelt und wie von politischer Seite agiert wird. In der Ge-

schichte haben wir gesehen, dass es Phasen gab, in denen von staatlicher Seite die Toleranz stärker im Vordergrund stand und andere, in denen die Anpassung der Muslime erzwungen wurde.

Seit Xi Jinping 2012 Generalsekretär der Kommunistischen Partei und 2013 Präsident der Volksrepublik China geworden ist, hat die Politik insgesamt einen autoritäreren Kurs eingeschlagen, der auch die Muslime betrifft. 2018 begann eine Kampagne gegen die Verwendung der arabischen Sprache und Schrift im öffentlichen Raum, die dazu führte, dass Schrifttafeln von Restaurants, Geschäften und Moscheen entfernt werden mussten und der Unterricht in arabischer Sprache behindert wurde. Imame wurden genötigt, politische Schulungen zu absolvieren, und Moscheen mussten die Nationalflagge hissen. In einigen Regionen wurden Kuppeln und Minarette entfernt, wenn sie einem arabischen Vorbild entsprachen. Der Ruf zum Gebet über Lautsprecher und das Tragen islamischer Kleidung wurden untersagt. Die Verwaltung in der Autonomen Region Ningxia wurde aufgefordert, die staatlichen Maßnahmen zur Bekämpfung des islamistischen Terrors zu unterstützen. Seit 2020 werden alle religiösen Organisationen stärker durch das «Staatliche Amt für religiöse Angelegenheiten» kontrolliert und sind gehalten, den von der Kommunistischen Partei vorgegebenen «Sozialismus chinesischer Prägung» umzusetzen. In einem Strategiepapier der Regierung vom 26. Februar 2020 heißt es: «Das Festhalten an der Sinisierung der Religionen unseres Landes ist eine unbedingte Notwendigkeit bei der Entwicklung des Sozialismus chinesischer Prägung.»[37] Religiöse Lehren und Praktiken müssen demzufolge der Gesellschaft nutzen und zu ihrer inneren Harmonie beitragen. Sie sollen außerdem zur Volksrepublik und «ihren sozialistischen Kernwerten» passen, «durchtränkt von der herausragenden klassischen chinesischen Kultur, verfeinert durch die außergewöhnliche Zivilisation des chinesischen Volkes und verschmolzen mit den traditionellen Tugenden Chinas».[38] Der Islam in China soll Ausgewogenheit, Toleranz, Mildtätigkeit, Frieden und Zusammenhalt, aber auch den Patriotismus stärken, extremistisches Gedankengut entschieden bekämpfen und Einmischungen der Religion in das Rechts- und Erziehungswesen beenden. Um diese Doktrin umzusetzen und ein «Zugehen auf Sinierung» anstelle einer «Opposition gegen Sinisierung» zu verankern, wurden Veranstaltungen mit Vertretern von Religionsgemeinschaften zum Thema «Festhalten am Sinisierungskurs der nationalen Religionen» durchgeführt. [39]

Ganz im Sinne der Kommunistischen Partei ist eine Folklorisierung und Musealisierung religiöser und ethnischer Vielfalt, wie sie beispielsweise im «Park der ethnischen Kulturen Chinas» in Peking gezeigt wird. In diesem anthropologischen Museum sollen die ethnischen Kulturen Chinas erforscht und ihre Artefakte gesammelt werden. [40] Besucher werden durch eine ästhetisch gestaltete Anlage geführt, können in rekonstruierte Gebäude der Minoritäten eintreten, Tanzvorführungen anschauen und sich über Produkte regionaler Küchen und Handwerkskunst informieren. Ähnliche Museen und Anlagen gibt es auch in anderen Städten, so zum Beispiel im «Chinesischen Park der Sitten und Kultur der Hui-Nation» in Yinchuan, der 2006 eröffnet wurde. Die Kultur der Hui wird auf der dazugehörenden Webseite als Vereinigung der islamischen und der traditionellen chinesischen Kultur beschrieben. [41]

Den Islam chinesischer Prägung, den die Kommunistische Partei fördern möchte, hat es in der Vergangenheit bereits gegeben. Gelehrte rezipierten gleichermaßen die chinesische Philosophie wie die islamische Theologie, der Moscheebau orientierte sich am Pagodenstil, große Teile der materiellen Kultur integrierten muslimische und chinesische Elemente, und selbst im Bereich der religiösen Zeremonien ließ sich originär Chinesisches finden. Einige Rituale, die Islamisches mit Chinesischem verbinden, werden bis heute praktiziert. Ein Beispiel ist der Ahnenkult. Die sufistischen Orden beschränken das rituelle Totengedenken auf ihre Heiligen, Wahhabiten und Salafisten lehnen es vollständig ab, die Hui jedoch teilen mit konfuzianischen, taoistischen und buddhistischen Chinesen den Brauch, kleine Altäre für verstorbene Familienmitglieder aufzustellen, denen Opfergaben gebracht werden. [42]

Vielleicht entstehen zukünftig weitere Formen eines Islams chinesischer Prägung. Eine höchst moderne Besonderheit ist die Existenz reiner Frauenmoscheen. Alle Ämter werden mit Frauen besetzt und die Gebete von einer Imamin (*ahong*) geleitet. Diese ist eine Autoritätsperson für den weiblichen Teil der Gemeinde und kümmert sich um vielerlei Belange. *Ahong* entstammen meist Familien, in denen es eine Tradition religiöser Ämter gibt und in denen die männlichen Mitglieder oft ebenfalls religiöse Aufgaben übernehmen.[43] Sie erteilen Religionsunterricht, leiten Gebete an, wirken als Seelsorgerinnen und übernehmen Totenwaschungen. Frauenmoscheen entstanden im 18. Jahrhundert in Zentralchina ursprünglich als Bildungseinrichtungen für Mädchen und haben sich mittlerweile auch in anderen Teilen des Landes etabliert. Außer den Gebets- und Waschräumen besitzen sie gewöhnlich Klassenräume für den Unterricht. Größere Einrichtungen sind als Internate ausgebaut. Die Forscherinnen Maria Jaschok und Shui Jingjun sehen sie als Ergebnis der Reformbewegungen der *yihewani*, deren Vertreter auf der Abgrenzung zur chinesischen Kultur und der Befolgung islamischer Reinheitsgebote bestanden, aber auch einen eigenen Ansatz weiblicher Partizipation ermöglichten.[44] Elisabeth Allès hält sie dagegen für ein originäres chinesisches Phänomen, das im Gegensatz zu islamischen Lehrtraditionen außerhalb Chinas steht und durch die zunehmende Integration in eine globalisierte *umma* bedroht ist.[45] Aber was auch immer ihre Herkunft ist, zu einem neuen Weg im Rahmen des Konzepts, das die kommunistische Partei für den chinesischen Islam vorsieht, können diese Institutionen nur dann werden, wenn sich die chinesischen Muslime auf ihre chinesisch-islamischen Traditionen besinnen.

11. DEUTSCHLAND

Der barmherzige Gott und eine liberale Moschee

In Deutschland haben sich trotz einer starken Präsenz islamistischer Organisationen bemerkenswerte Ansätze progressiver muslimischer Theologien herausgebildet. Das ist das Ergebnis der Einrichtung islamischer Lehrstühle an staatlichen Hochschulen. Parallel zu diesem wissenschaftlichen Aufbruch lassen sich auch in der Praxis neue Formate erkennen. Liberale Muslime schließen sich zunehmend in Vereinigungen jenseits der etablierten Verbände zusammen und fordern einen kritischen Umgang mit den heiligen Texten des Islams sowie ein Ende der religiös begründeten Diskriminierung von Frauen und Homosexuellen. In Berlin gibt es sogar eine liberale Moschee, die von einer Frau geleitet wird.

Der barmherzige Gott

Der bekannteste muslimische Theologe Deutschlands ist gegenwärtig Mouhanad Khorchide, der an der Universität Münster islamische Religionspädagogik lehrt. Er ist der Sohn palästinensischer Eltern, die 1948 in den Libanon flohen und später nach Saudi-Arabien zogen, wo der Vater eine Anstellung als Ingenieur fand. Khorchide lernte dort die unbarmherzige Rigidität des wahhabitischen Islams kennen und erlebte, dass die viel beschworene islamische Gerechtigkeit nur eine Farce war. Ausländern wie seiner Familie wurden elementare Rechte verweigert, obwohl sie Muslime waren, und Nichtmuslime wurden als verachtenswerte Spezies dargestellt. Schlecht und verdorben seien sie, erfuhr Khorchide von seinem Religionslehrer, und deshalb verdienten sie es, nach dem

Tod für alle Ewigkeit in der Hölle zu schmoren. Die Sommerferien verbrachte Khorchide stets bei den Großeltern im Libanon. Er nahm die Diskrepanz zwischen den beiden Welten aufmerksam wahr und verstand, dass der Islam sehr unterschiedlich sein konnte: exklusiv, regelbesessen und freudlos, wie ihn seine saudischen Lehrer vermittelten, oder lebensnah und voller Mitgefühl für Schwächere, wie ihn seine Großmutter lebte.

Nach dem Schulabschluss studierte Khorchide in Wien und wurde schließlich im Fach Soziologie promoviert. Seine Doktormutter, eine bekennende Atheistin, habe sich selbstlos um ihre Studenten und um ihre kranke Mutter gekümmert, bis diese verstarb, erinnert sich Khorchide. Er habe sich immer gefragt, «wie es sein kann, dass eine solche Person, die vorbildlich lebt, auf ewig in die Hölle kommen soll. Denn dies steht ihr als Ungläubiger ja laut der traditionellen islamischen Theologie, wie ich sie in der Schule gelernt und später auch studiert habe, bevor.»[1] Eine zweite Sache, die ihn zum Nachdenken über die konservativen Auslegungen des Islams anregte, war der Unterschied zwischen der fehlenden sozialen Absicherung in Saudi-Arabien und dem österreichischen Sozialstaat. In Saudi-Arabien, wo stets davon geredet wurde, dass Muslime bessere Menschen als Andersgläubige seien, hatte er kein Anrecht auf einen Studienplatz, durfte als Ausländer nicht zum selben Arzt gehen wie ein saudischer Staatsbürger, und es gab keine Krankenversicherung. In Österreich erhielt er einen Studienplatz, wurde im ersten Semester krankenversichert und durfte kostenfreie medizinische Leistungen in Anspruch nehmen. All das, was ihm in Saudi-Arabien verwehrt wurde, erhielt er im Land der «Ungläubigen» von Menschen, die von islamischen Lehrern stets als minderwertig und unmoralisch bezeichnet wurden.

Durch diese Widersprüche sensibilisiert, begann Khorchide theologische Lehrmeinungen zu hinterfragen und die religiösen Quellen eigenständig zu interpretieren. 2012 erschien sein Buch *Islam ist Barmherzigkeit*, in dem er sich implizit an die sufistische Theologie der Liebe anlehnte, wie sie Ibn al-Arabi gelehrt hatte.

Seyran Ateş spricht am 8. September 2017 in den Räumen der
Ibn-Rushd-Goethe-Moschee in Berlin vor dem Freitagsgebet vor
Gästen und Schülern der Berliner Otto-Hahn-Schule.

Gott sei der große Liebende, schreibt er, der den Menschen allein
deshalb geschaffen habe, weil er seine Liebe teilen möchte und
«Mitliebende» suche.[2] Das schließe alle Menschen ein, nicht nur
Muslime. Gott interessiere sich nicht für «Überschriften wie ‹Muslim›, ‹Christ›, ‹Jude›, ‹gläubig›, ‹ungläubig› usw.».[3] Es gehe ihm um
den Einzelnen, den er dazu gewinnen möchte, seine Liebe und
Barmherzigkeit anzunehmen. Khorchides Theologie der Liebe
kommt konsequenterweise ohne die von Islamisten beschworene
dunkle Seite des Islams, den Teufel und die Hölle, aus. «Die Hölle ist
nichts weiter als der Zustand», schreibt er, «in dem sich derjenige
befindet, der Nein zur Liebe und Barmherzigkeit sagt.»[4] Die

«schwarze Pädagogik» der Angst lehnt er auch deshalb ab, weil sie den Menschen zu Kritikunfähigkeit verdamme und eigenständiges Denken verhindere. Der Koran motiviere zum Hinterfragen, nicht zum blinden Gehorsam.

Khorchides Ideen basieren auf einer hermeneutischen Koran-exegese, mit deren Hilfe die schwer verständlichen und teilweise widersprüchlichen Verse interpretiert werden. Dabei werden sie historisch, vor dem Hintergrund der gesellschaftlichen Zustände zur Zeit Mohammeds, eingeordnet. Als Beispiel führt er Vers 11 der vierten Sure an, in dem männlichen Kindern doppelt so viel Erbe zugesagt wird wie weiblichen. Dieser Vers sei ausschließlich in der Verfasstheit der damaligen politischen Ordnung begründet, einer Ordnung, in der Frauen gar nicht erbten, weil sie permanent in Gefahr waren, von anderen Stämmen als Kriegsbeute geraubt zu werden. Durch den Ausschluss vom Erbe wollte man in vorislamischer Zeit verhindern, dass der Besitz in fremde Hände gerate. Mohammed habe diese Zustände zu ändern versucht, konnte dies aber nur in kleinen Schritten tun. Die koranische Erbschaftsregelung sei ein wichtiger Schritt in Richtung der Anerkennung der Frauen gewesen, nicht jedoch die vollständige Umsetzung dieses Ideals. Daher sei dieser Vers nicht zeitunabhängig gültig und besitze heute keine Relevanz mehr. Letztlich sei Gott nämlich an der Gleichheit der Geschlechter gelegen, und der Mensch habe die Aufgabe, diese nach Kräften umzusetzen.

In einem zweiten Buch unternimmt Khorchide den Versuch, die Scharia in einem humanistischen Sinn zu definieren. Seiner Ansicht nach ist sie «der Weg des Herzens zu Gott» und besteht aus drei Pfeilern: «Der Überwindung des eigenen Egos, dem selbstlosen Einsatz für das Gute und der Fähigkeit des Herzens, Liebe zu erfahren.»[5] Grundlage des gottgefälligen Handelns sei die Absicht, Gutes zu tun und Schlechtes zu vermeiden. In der islamischen Orthodoxie meint dieser Satz eine Unterwerfung des Gläubigen unter Regularien, die theologisch festgelegt wurden. Doch Khorchide lehnt die Vorstellung eines Islams als Gesetzesreligion ab. Die Be-

ziehung des Menschen zu Gott sei nicht die eines Befehlsemp-
fängers zu einem Befehlshaber, der die göttlichen Anweisungen in
blindem Gehorsam durchzuführen und andernfalls mit harten
Strafen zu rechnen habe. Der Weg der Liebe benötige weder Furcht
noch Sanktionen, um zum Guten zu gelangen. Es sei allein das
«reine Herz», das den Menschen befähige, sich für eine gerechte
Gesellschaftsordnung einzusetzen und den Weg Gottes zu gehen.[6]
Scharia sei ein «dynamisches Modell, das neben dem Weg des Herzens zu Gott das Prinzip der Gerechtigkeit beschreibt, welches nur
dann verwirklicht wird, wenn weitere Prinzipien wie Unantastbar-
keit menschlicher Würde, Freiheit, Gleichheit und soziale Verantwortung garantiert werden.[7]

Khorchide hat Streitgespräche mit dem Islamkritiker Hamed
Abdel-Samad und dem katholischen Geistlichen Walter Kasper
publiziert, Schriften zur islamischen Religionspädagogik, zu theologischen Themen, zur Darstellung von Jesus im Koran, zur Offen-
barung und zum Muslimsein in Deutschland herausgegeben. Seine
Thesen zur Gleichberechtigung von Frauen in Theologie und Gesellschaft weisen vielfache Übereinstimmungen mit Amina Wadud
und anderen islamischen Feministinnen auf. Er ist nicht der einzige
reformorientierte muslimische Gelehrte, der an den seit 2011 ein-
gerichteten Lehrstühlen für islamische Theologie in Deutschland
forscht und lehrt, aber er ist definitiv derjenige mit der größten
öffentlichen Reichweite. Das liegt nicht zuletzt daran, dass es ihm
immer wieder gelingt, komplizierte Sachverhalte verständlich zu
formulieren. Niemand hat den Islam hierzulande in einer sympa-
thischeren Weise gezeichnet, hat ihn glaubhafter entdämonisiert
und dadurch einen unschätzbaren Beitrag gegen Islamfeindlichkeit
geleistet. Ein Grund, möchte man meinen, dass die Muslime diese
Leistung würdigen und sich den Münsteraner Theologen zum Vorbild nehmen. Das Gegenteil ist leider der Fall. Khorchide wurde
nach der Veröffentlichung seiner Thesen zum Opfer einer beispiel-
losen Mobbing-Kampagne muslimischer Verbandsvertreter, die zuvor auf Anraten des Wissenschaftsrates in einen Beirat des theolo-

gischen Instituts berufen worden waren. In dieser Funktion wurde ihnen ein gewisser Einfluss auf den akademischen Betrieb zugestanden. Khorchides Theologie der Barmherzigkeit, seine Kritik an simplifizierenden Vorstellungen von Himmel und Hölle sowie die Abkehr von starren normativen Regularien verurteilten die Verbandsvertreter als häretische Verirrungen und forderten schließlich seine Absetzung, weil er kein echter Muslim sei. Glücklicherweise ließen sich weder die Hochschulleitung noch die Vertreter des Staates von den Angriffen beeindrucken, so dass Khorchide weiterhin an der Universität wirken kann.

An Mohammed scheiden sich die Geister

Auch ein anderer muslimischer Theologe hat in Deutschland durch kritische Positionen zur Orthodoxie öffentliche Aufmerksamkeit auf sich gezogen. Abdel-Hakim Ourghi, der in Algerien aufwuchs, strebt eine Reformation des Islams an. Sein Ansatz ist radikaler, zorniger und unversöhnlicher. Während Khorchide fest in multireligiösen akademisch-theologischen Kreisen verankert ist, bewegte sich Ourghi eine Zeitlang in den Netzwerken säkularer Muslime und agiert zunehmend als Einzelkämpfer. 2016 beteiligte er sich an einem revolutionären Manifest, der «Freiburger Deklaration». Sie beginnt mit Sätzen, die an Martin Luther King erinnern: «Wir träumen von einer Islamreform. Von einer Aufklärung, aus der eine muslimische Gemeinschaft erwächst, die sich als integraler Bestandteil der europäischen Gesellschaft sehen will, die offen und neugierig gegenüber ihren Mitmenschen, der europäischen Kultur und den Herausforderungen der Moderne ist.»[8] Man stehe für ein humanistisches aufgeklärtes Islamverständnis, führten die Unterzeichner aus, betrachte Religion als Privatangelegenheit und lehne jegliche Form von Diskriminierung im Namen des Islams ab. Wie Khorchide stellten die Autoren Vernunft, Kritikfähigkeit und Spiritualität in den Mittelpunkt ihres Religionsverständnisses und wollten den Islam als Projekt der fortschreitenden Adaptation an moderne Lebensrealitäten begreifen. Ourghi erläuterte seinen Ansatz immer wieder in Zeitungsartikeln und 2017 in einem Buch mit vierzig Thesen zur Reform des Islams. Es beginnt mit einer deprimierenden Zustandsbeschreibung: Der Islam stehe gegenwärtig für Sexismus, Homophobie, Gewalt sowie für die Ausgrenzung Andersgläubiger und Andersdenkender, und dies werde mit dem Koran begründet. Das sei möglich, weil der Koran diese Missstände tatsächlich rechtfertige. Besonders gut gelingen ihm die Nachweise dieser These in Bezug auf die Abwertung von Frauen und auf die Legitimation von Gewalt. Ourghi zitiert die Verse, die Frauen benachteiligen und häusliche Gewalt gutheißen, ohne diese Verse wie andere liberale Muslime als «Fortschritt zur Zeit Mohammeds» oder als «nur zeitbedingt» zu relativieren. Die *sunna*, die islamischen Überlieferungen zu Aussagen oder Handlungen Mohammeds, seien sogar noch schlimmer. «Auf diesen kanonischen Grundlagen», führt er aus, «legte das islamische Recht im Laufe der Jahrhunderte den Grundstein zur Geringschätzung und Erniedrigung der muslimischen Frauen. Im Interesse der männlichen Dominanz, die von Stammesgeist und Clanmentalität beherrscht wird, werden sie auf sexuelle Objekte reduziert.»[9] Ähnlich schonungslos kritisiert Ourghi die Verse, die Kriege legitimieren und zur Ermordung von Andersgläubigen aufrufen. Nach einer friedfertigen, aber bedeutungslosen Zeitspanne in Mekka, so Ourghi, sei der Islam durch die Flucht Mohammeds nach Medina in eine Phase eingetreten, die sich fundamental von den islamischen Ursprüngen unterschied. Eine neue Ära habe begonnen, und Mohammed habe Abschied von «seiner dialogorientierten Kommunikation» genommen.[10] Er habe seine Interessen mit dem Schwert durchgesetzt, Eroberungskriege geführt, Menschen getötet und versklavt, wenn sie sich nicht zum Islam bekannten, und die jüdischen Stämme vertrieben. Gewalt habe auch nach dem Tod Mohammeds die frühislamische Geschichte geprägt, und islamistische Gewalttäter könnten sich heute noch auf anerkannte religiöse Texte berufen. «Mit Blick auf den politischen Islam, der die Welt durch Missionierung und Gewalt beherrschen will», resümiert Ourghi, «könnte man die These wagen, dass der Islam zivilisatorisch versagt habe.»[11] Nur eine von dem politischen Kalkül des 7. Jahrhunderts befreite Religion könne eine spirituelle und moralische Richtschnur für junge Muslime im 21. Jahrhundert sein, und nur dieser Islam könne der muslimischen Jugend im Westen Orientierung bieten, ohne sie mit den geltenden Normen in Konflikt zu bringen. Dafür müssten die religiösen Quellen einer kritischen Revision unterzogen werden. Wie Muhammed Taha aus dem Sudan unterscheidet er zwischen den Versen, die auf die Zeit zurückgehen, in der Mohammed ein bedeutungsloser junger Mann in Mekka war, von denen, als er als einflussreicher Kriegsherr agierte.

Für viele Muslime ist die Figur Mohammeds sakrosankt. Beleidigungen des Propheten werden von islamischen Extremisten regelmäßig mit Mord geahndet, und in vielen muslimisch geprägten Ländern wird Kritik am verehrten Vorbild im Rahmen von Blasphemiegesetzen strafrechtlich verfolgt. Bei progressiven Muslimen gehen die Meinungen über Mohammed auseinander. Khorchide, der die Geschichte des Islams als Geschichte religiös verbrämter Herrschaft darstellt und sich gegen die Instrumentalisierung des Islams durch politische Führer wendet, nimmt Mohammed aus den frühislamischen Machtspielen aus. «Mohammed», so heißt es bei ihm, «sah sich lediglich als Verkünder einer göttlichen Botschaft ohne den Anspruch auf eine Machtposition.»[12] Weder sei er ein Staatsoberhaupt gewesen, noch habe er sich als Religionsstifter verstanden, sondern lediglich als Verkünder eines inklusiven Monotheismus. Vieles sei von späteren Interpreten aus dem Zusammenhang gerissen und einiges schlicht falsch wiedergegeben worden. Zwar bestreitet Khorchide nicht, dass Mohammed Kriege geführt habe, aber diese hätten ausschließlich dem Zweck der Selbstverteidigung gedient. Die spätere Verbindung von Macht und Religion sowie die Entwicklung eines autoritären Islams, der dem Menschen die von Gott gegebene Freiheit abspreche, sei der Übernahme persischer und byzantinischer Gesellschaftsvorstellungen geschuldet, die bereits kurz nach dem Tod Mohammeds adaptiert worden seien.[13]

Nicht nur Ourghi nimmt hier eine deutlich kritischere Position ein, auch Hamed Abdel-Samad, der gegenwärtig einer der profiliertesten Kritiker islamischer Orthodoxie ist. Er wurde in Kairo als Sohn eines Imams geboren, war als Student Mitglied der Muslimbruderschaft und setzt sich mittlerweile aufklärerisch-kritisch mit islamischen Quellen auseinander. 2015 publizierte er eine Abhandlung über Mohammed, die den Propheten in denkbar dunklem Licht erscheinen lässt. Ein Kriegsherr sei er gewesen, und die Konversion seiner Gegner zum Islam sei primär durch Gewaltandrohungen und nicht durch prophetische Überzeugungskraft erreicht worden.[14] Als paranoider und misstrauischer Narzisst habe er alle umbringen lassen, die Zweifel an seiner Person oder Mission äußerten. Mohammed sei die Quelle einer Kritikunfähigkeit, die Muslime heute weltweit auszeichne und auch die Ursache des Terrors gegen all diejenigen, denen Beleidigung des Propheten oder des Islams vorgeworfen werde. Wenn Muslime aus ihrer selbstverschuldeten Unmündigkeit herausfinden wollten, so sein Fazit, dann müssten sie Kritik und bissige Satire akzeptieren. Charlie Hebdo sei in diesem Sinne ein «Geschenk für die Muslime» und eine Chance, «entspannter mit heiligen Texten und Symbolfiguren umzugehen».[15]

Ein Jahr später unterzog Abdel-Samad auch den Koran einer kritischen Betrachtung, insbesondere die Verse zur Gewalt, zu Frauen und zu Andersgläubigen. Für ihn ist Mohammed der Autor des heiligen Textes, der wiederum nur im Lichte der prophetischen Biographie verständlich werde. Die einzelnen Verse, so führt er mit Belegen aus dem Koran und der *sunna* an, bestätigten und unterstützten stets Mohammeds Entscheidungen und untermauerten sein Handeln mit religiösen Aussagen. Hier sei ein klarer Unterschied zwischen mekkanischen und medinensischen Versen erkennbar. Die mekkanischen Verse mahnten die Gläubigen zu Gewaltverzicht und Langmut, weil Mohammed die Ressourcen fehlten, um Gewalt zur Durchsetzung seiner Ziele anzuwenden. In

Medina wiederum seien Verse verkündet worden, die den Krieg verherrlichten und sogar zu einer heiligen Pflicht erklärten. Der Hintergrund, so Abdel-Samad, sei schlicht eine ökonomische Notwendigkeit gewesen. Mohammed und seine Anhänger lebten von der Kriegsbeute und von Lösegeldern für Gefangene und benötigten eine göttliche Legitimation für ihre Handlungen. Diese Verse seien eine Steilvorlage für dschihadistische Gruppen wie den IS.[16]

Die skizzierte Kontroverse innerhalb der progressiven Muslime zeigt deutliche Unterschiede beim Umgang mit den Fundamenten des Glaubens und der Frage, wie weit die historische Entsakralisierung gehen soll. Während Ourghi und Abdel-Samad Mohammed und den Koran konsequent und mit der Tendenz zur Überspitzung historisieren, ohne zwischen zeitbedingten und zeitlos gültigen Aussagen zu unterscheiden, möchte Khorchide Mohammed dem reformerischen Furor entziehen und ihn als spirituellen Anker einer post-islamistischen Theologie bewahren. Trotz aller Kritik möchte Abdel-Samad weder dem Koran noch Mohammed eine poetische und emotional anrührende Dimension absprechen. So wie jeder Mensch habe auch der Koran Seiten, die sich widersprechen, doch wenn man ihn als menschliches Werk verstehe, dann sei es möglich, die gewaltbejahenden Passagen zu neutralisieren und die spirituellen Verse zu betonen, die die Gläubigen bräuchten, um Trost und Liebe zu finden.[17]

Progressive muslimische Vereinigungen

Der progressive Islam ist nicht nur ein akademisches Projekt oder eines von mutigen Autoren. Seit einigen Jahren versuchen muslimische Aktivisten, der Übermacht auslandsfinanzierter islamischer Vereinigungen eigene Organisationen entgegenzusetzen. Die älteste dieser allesamt sehr jungen Zusammenschlüsse ist der «Liberal-Islamische Bund» (LIB), der 2010 von der Religionspädagogin Lamya Kaddor und Gleichgesinnten gegründet wurde.[18] Wie andere Progressive interpretiert Kaddor islamische Normen im historischen Kontext und hält einige davon für nur zeitbedingt und daher irrelevant für die Gegenwart. Das gelte beispielsweise für das Kopftuch. Zur Zeit der Entstehung des Islams sei die Bedeckung von Kopf und Körper ein Schutz für Frauen gewesen, heute hingegen würden Frauen durch den Rechtsstaat geschützt. Deshalb respektiere sie zwar jede Frau, die freiwillig ein Kopftuch anlege, trage aber selbst keine Kopfbedeckung.[19] Dass Frauen ein gemischtgeschlechtliches Gebet anleiten dürfen, ist im LIB selbstverständlich. Die Theologin Rabeya Müller, die zu den Gründungsmitgliedern zählt, wirkt als Imamin, leitet Gebete an, predigt und führt Eheschließungen durch. Sie hat sich stets entschieden gegen patriarchalische Lesarten des Korans ausgesprochen und vertritt die Ansicht, dass sich viele vermeintliche Vorschriften, die die Orthodoxen gegen die Progressiven ins Feld führen, weder aus dem Koran noch den frühislamischen Überlieferungen ableiten lassen.[20] Der LIB bekennt sich zu Demokratie, Rechtsstaatlichkeit, universalen Menschenrechten und lehnt spezielle islamische, Scharia-konforme Menschenrechtserklärungen ab. Auf der Homepage werden Positionspapiere und «Freitagsgedanken» veröffentlicht, mit denen sich die Aktivistinnen in politische Debatten um Islam und Gesellschaft in Deutschland einmischen. Seit seiner Gründung hat der Bund in bescheidenem Umfang expandiert; es gibt Gemeinden in Köln, Frankfurt, Berlin, Stuttgart und Hamburg.

Fünf Jahre später wurde ein zweiter Verein gegründet, der sich ebenfalls als Gegengewicht gegen die etablierten konservativen Verbände positionieren wollte: das «Muslimische Forum Deutschland». Zu den Unterzeichnern der Gründungserklärung zählten auch Aleviten, Yeziden und Christen. Bereits im ersten Jahr veröffentlichte das Forum eine Reihe von Thesen, die allesamt dem theologischen Kanon des progressiven Islams entstammten. Ein Bekenntnis zu säkularen Normen, zu den individuellen Freiheitsrechten und zur Demokratie wurde ebenfalls bekräftigt. Das Forum war im Wesentlichen eine Vereinigung von Intellektuellen, von denen einige soziale Projekte im Bereich der Jugendarbeit und der Extremismusprävention unterhielten, entfaltete jedoch keine religiöse Praxis.

2018 schlossen sich Personen aus Familien mit muslimischem Migrationshintergrund zur «Initiative säkularer Islam» zusammen, die sich gegen ein «totalitäres Religionsverständnis», für eine «Verbesserung der bürgerlichen Teilhabe von Muslim/innen, aber gegen Sonderrechte» positionierte.[21] «Säkulare Muslime» möchten Religion ausschließlich als Privatangelegenheit verstanden wissen, sind auch nicht notwendig gläubig, entstammen aber muslimischen Familien. Eine Unterscheidung zwischen «Gläubigen» und «Ungläubigen» lehnen sie ab. Die Initiative wirbt für den Aufbau säkularmuslimischer Strukturen auf Landes- und kommunaler Ebene, um dort Ansprechpartner für die Politik zu stellen. Ein Jahr nach der Gründung kam es zur Konstituierung zweier Landesverbände in Hamburg und Rheinland-Pfalz. Die Hoffnung, als Alternative oder Ergänzung zu den großen auslandsabhängigen Islamverbänden anerkannt zu werden, erfüllte sich jedoch nicht. Das lag nicht nur an der Dominanz der orthodoxen Organisationen, sondern auch daran, dass sie wenig zu den zentralen Themen der Deutschen Islamkonferenz, die von den etablierten und mitgliederstarken Verbänden auf die politische Agenda gesetzt worden waren, beitragen konnten und wollten. Muslimische Seelsorge und muslimischer Religionsunterricht sind für säkulare Muslime keine Themen. Sie setzen sich dafür ein, dass der islamische Extremismus und die Diskriminierung von Frauen auf politischer Ebene behandelt werden, doch dies lehnen die Verbandsvertreter ab.

Auch Mouhanad Khorchide unternahm mit Gleichgesinnten einen Versuch, progressive Muslime auf Landesebene zu organisieren. Die «Muslimische Gemeinschaft NRW» orientiert sich stark an den Postulaten, die der Gelehrte in seinen Büchern bereits ausgeführt hat. Eine Besonderheit stellt das Format einer virtuellen Moschee dar. Khorchide stellt dabei Predigten zu klassischen islamischen Themen wie dem Opferfest zur Verfügung und verbindet sie teilweise mit aktuellen Fragen wie dem Unterschied zwischen dem politischen Auftrag des Islams und einem politischen Islam. Anders als die meisten progressiven Organisationen sieht sich die «Muslimische Gemeinschaft NRW» zuständig für «klassische» Bereiche der muslimischen Religionspraxis wie die islamische Seelsorge und den bekenntnisorientierten islamischen Religionsunterricht.[22]

Eine liberale Moschee

Am 16. Juni 2017 wurde in Berlin mit der «Ibn-Rushd-Goethe-Moschee» ein weiteres progressiv-islamisches Projekt eröffnet. Die Initiatorin Seyran Ateş hatte sich bis dahin vor allem einen Ruf als unerschrockene Anwältin für Opfer häuslicher Gewalt erworben und als Autorin patriarchalisch-muslimische Parallelstrukturen angeprangert.[23] Sie sei eine gläubige Muslimin, schrieb sie kurz vor der Eröffnung der Moschee, doch die konservative Auslegung des Islams, die in fast allen muslimischen Gotteshäusern praktiziert werde, entspreche nicht ihren Überzeugungen. Imame würden das Trennende zwischen Muslimen und Nichtmuslimen sowie zwischen Männern und Frauen betonen, sie dagegen wolle die Liebe und das Verbindende in den Vordergrund stellen. Schon durch die Geschlechtertrennung fühle sie sich diskriminiert, dadurch, dass Frauen in separate Räume abgeschoben würden, dass nicht akzeptiert werde, dass sie kein Kopftuch trage. 2017 habe sie den Entschluss gefasst, selbst eine Moschee zu gründen, in der sie ihre Vision eines gleichberechtigten spirituellen Miteinanders verwirklichen könne.[24] In der Moschee solle ein Islam gelebt werden, der kein normatives Korsett aus dem 7. Jahrhundert, sondern die spirituelle Liebe zu Gott in den Mittelpunkt stellt. Sunniten, Aleviten, Schiiten und Sufis seien ebenso willkommen wie Christen, Juden und Menschen anderer Weltanschauungen. Frauen und Männer sollten zusammen in einem Raum, Seite an Seite beten und nicht getrennt wie in der überwiegenden Mehrzahl aller Moscheen. Bezeichnenderweise war die Moschee unter dem Dach eines Nebengebäudes der evangelischen St.-Johannis-Kirche in Alt-Moabit untergebracht. Bei dem Gebäude handelte es sich um einen schlichten Klinkerbau, und man muss ein dunkles Treppenhaus durchqueren, bis man endlich in den Gebetsraum gelangt, der mit einem hellen Teppich ausgelegt und liebevoll gestaltet wurde. Mittlerweile wurden größere Räumlichkeiten bezogen.

Die Eröffnung an einem Freitag im Monat Ramadan war spektakulär. Das Gebet wurde von Elham Manea und Abdel-Hakim Ourghi geleitet. Elham Manea, eine jemenitischstämmige Schweizerin, lehrt an der Universität Zürich Politikwissenschaften, lebt in Bern und ist mit einem Protestanten verheiratet. Die religiöse Apartheid in vielen arabischen Ländern, in denen die Religionsgruppen nur innerhalb der eigenen Gemeinschaften heiraten dürfen und ihre eigene Ehe illegitim wäre, hält sie für ein großes Problem, das ein friedliches Zusammenleben immer wieder behindert. In ihren wissenschaftlichen Arbeiten hat sich Elham Manea mit der katastrophalen Situation von Frauen in der arabischen Welt auseinandergesetzt, aber auch mit autoritären Regimen und dem Fehlen demokratischer Traditionen. Bei der Eröffnung der liberalen Moschee war es ihr wichtig, zusammen mit einem Mann das Gebet zu sprechen, um allen zu zeigen, dass Gleichberechtigung im Islam möglich ist. Hinter den beiden Vorbetern gruppierten sich die Gläubigen bunt durcheinander, einige Frauen trugen Kopftücher, andere hatten die Haare offen. Für ältere Menschen waren Stühle aufgestellt worden. Den Gebetsruf, der eigentlich eher ein Gesang ist, hatte als internationaler Gast Ani Zonneveld von der Organisation «Muslims for Progressive Values» (Muslime für progressive Werte) übernommen. Ihr «Allahu akbar» entfaltete einen zarten poetischen Zauber, der alle berührte.

Schon im Vorfeld hatte die Moscheegründung eine beachtliche mediale Aufmerksamkeit erfahren, die während der zweitägigen Eröffnungsveranstaltung deutlich zunahm. Seyran Ateş hatte mich eingeladen teilzunehmen, und ich traf nach einer am Morgen anberaumten Pressekonferenz ein. Die Moschee war brechend voll mit Journalisten, Kameras und Mikrofonen. Die Eröffnung war unübersehbar ein mediales Großereignis. Wie alle progressiv-muslimischen Initiativen kommt die Berliner Moschee gut bei der deutschen Bevölkerung an, weil sie Hoffnungen auf einen Islam nährt, der mit den hiesigen Wertvorstellungen vereinbar ist. Doch was sagen Muslime, die sich nicht als liberal verstehen, zu der Initiative? Am Rande der Eröffnungsfeier sprach ich mit einer jungen verschleierten Zahnärztin mit arabischen Wurzeln, die ich bereits am Vorabend auf einer Podiumsdiskussion kennengelernt hatte. Ich fragte sie, wie es ihr in der Moschee gefalle, worauf sie antwortete, man könne doch den Islam nicht einfach so leben, wie es einem passe. Ob sie denn nicht glaube, dass man neue Wege gehen solle, fragte ich, ob man sich nicht mit schwierigen Versen auseinandersetzen müsse, wie demjenigen, der von Frauen Gehorsam gegenüber ihren Ehemännern verlange? Ach, meinte sie, Frauen müssten doch immer für ihre Rechte kämpfen und es sei eben so, dass die Propheten jeder Religion Männer gewesen seien und die Herrscher auch. Obwohl sie skeptisch war, dass es hier islamisch korrekt zugehe, wollte sie jedoch wiederkommen. Ich verstand das als gutes Zeichen, denn es würde nicht leicht werden, Muslime zu überzeugen, die bislang nur einen konservativen oder gar fundamentalistischen Islam kennengelernt hatten.

Vier Jahre später hatte sich die Moschee gut etabliert. Das seelsorgerische Angebot ist beeindruckend, Hochzeiten und Scheidungen werden durchgeführt, es gibt Fortbildungen und viele Informationen zum liberalen Islam. Positionspapiere, Artikel und Freitagspredigten können von der Homepage heruntergeladen werden. Die Predigten werden von Männern, Frauen mit und ohne Schleier und sogar im Dialog mit einem christlichen Theologen gehalten. Die Moschee wendet sich entschieden auch an queere Muslime, denen sie einen sozialen und spirituellen Schutzraum anbietet. Diversität und Menschlichkeit werden großgeschrieben, und der Unterschied zu orthodoxen Moscheen ist unübersehbar.

Insgesamt ist die Anzahl der progressiven islamischen Initiativen in Deutschland überschaubar. Fromme Muslime aus konservativen

Familien bleiben oft schon deshalb in ihren eigenen Gemeinden, weil diese den Bezug zu den Ländern aufrechterhalten, die selbst in der vierten Generation seit der Migration noch immer als «Heimat» verstanden werden. Säkulare Menschen mit muslimischem Migrationshintergrund haben andererseits oft keine Ambitionen, sich in einer religiösen Gemeinschaft zusammenzuschließen, selbst wenn diese liberal ist. Für sie ist Religion eher eine private Angelegenheit. Und dann spielt auch die Angst eine Rolle. Es ist nicht ungefährlich, sich gegen den Islamismus zu stellen und neue Wege zu gehen. Als Seyran Ateş die Moschee in Berlin eröffnete, erhielt sie noch in der folgenden Nacht mehr als hundert Morddrohungen und steht seitdem unter Polizeischutz. Auch Hamed Abdel-Samad bezahlt seine kritischen Schriften mit einem hohen Preis. Aus Sicherheitskreisen erfuhr er bereits vor Jahren, dass sein Leben in höchster Gefahr ist, weil Islamisten aus Hass auf den Dissidenten Mordkomplotte schmiedeten. Seitdem gibt es keine unbeschwerten Tage mehr für ihn. Alles muss geplant und mit der Polizei besprochen werden, und in der Öffentlichkeit begleiten ihn mehrere Leibwächter.

Dank

Freunde und Freundinnen sowie geschätzte Kolleginnen und Kollegen haben einzelne Kapitel des Buches gelesen, kommentiert und mir wertvolle Anregungen und Hinweise gegeben. Ich danke Oliver Bertrand, Enida Delalić, Franziska Fay, Thomas Gugler, Roman Loimeier, Berrin Nakipoğlu-Schimang, Arta Ramadani, Dieter Schimang und Holger Warnk.

Anmerkungen

1. Türkei

1 Vgl. Schimmel 2005: 6, aber auch Schimmel 1977: 287–343.
2 http://www.faz.net/aktuell/feuilleton/buecher/themen/ilija-trojanow-ueber-sufismus-14394753.html?printPagedArticle=true#pageIndex_2, abgerufen am 4.7.2017.
3 https://www.zeit.de/gesellschaft/zeitgeschehen/2017-01/sufismus-islam-mystik-fundamentalismus/komplettansicht. Abgerufen am 29.11.2020.
4 Vgl. Hill 2019: 3.
5 Vgl. Schimmel 2005: 16.
6 https://www.nzz.ch/articleEOEFB-1.84790, abgerufen am 2.1.2021.
7 https://www.aphorismen.de/suche?f_autor=1191_Yunus+Emre&f_rubrik=Gedichte&f_thema=Beten%2C+Gebet, abgerufen am 8.2.2021.
8 Vgl. Hajatpour 2018: 36.
9 Vgl. Goethe 2000: 10.
10 Vgl. Algar 1976: 128.
11 Vgl. Trimingham 1998: 135.
12 Vgl. Hill 2019: 5.
13 Vgl. Schröter 2016: 88.
14 Vgl. Frembgen 1993.
15 Vgl. Clayer 2012; Frembgen 1993: 21.
16 Vgl. u. a. Hill 2019: 11 ff.
17 Vgl. McGowan 2012: 298.
18 Vgl. Hajatpour 2018: 58.
19 Vgl. Sorgenfrei 2013: 108.
20 Vgl. McGowan 2012: 306.
21 Vgl. Atasoy 1992: 261.
22 Vgl. McGowan 2012: 313.
23 Vgl. Kissling 1960: 8.
24 Vgl. Uyar/Beşiroğlu 2012: 140.
25 Vgl. Frembgen 1999.
26 Vgl. Feldman 2019.
27 Zu den genealogischen Konstruktionen der frühen Nagschbandis vgl. Weismann 2007: 14 ff.
28 Weismann 2007: xii.
29 Vgl. Kabbani 2004: 29.
30 Vgl. Foley 2008: 528.
31 Vgl. Kabbani 2004: 27.
32 Vgl. Algar 1976: 129; Kabbani 2004: 63.

33 Vgl. Le Gall 2003: 96.
34 Vgl. Widiyanto 2006: 255.
35 Vgl. Widiyanto 2006: 265.
36 Vgl. Trimingham 1998: 202.
37 Aslan 2006: 238.
38 Vgl. Le Gall 2003: 105.
39 Vgl. Le Gall 2003: 132.
40 Vgl. Schimmel 2005: 516.
41 Vgl. Sürek 2015: 55 ff.
42 Vgl. Yildirim 2019: 44 ff.
43 Vgl. Harmanşah et al 2014: 344.
44 Vgl. Yavuz 1999: 135.
45 Vgl. Cornell 2015.
46 Vgl. Yilmaz 2918.
47 Vgl. Yavuz 1999: 138 ff.
48 Vgl. Basak 2017.
49 Vgl. Şenay 2017.
50 Vgl. Harmanşah et al 2014.
51 http://portal.unesco.org/culture/en/ev.php-URL_ID%3D34694%26URL_
    DO%3DDO_TOPIC%26URL_SECTION%3D201.html, abgerufen am 2.1.
    2021.
52 Vgl. Conner 2015: 117.
53 Vgl. Widiyanto 2006: 263.
54 Vgl. Böttcher 2006: 263.

2. Balkan

 1 Vgl. Stadtmüller 1950: 147 ff.
 2 Vgl. Musaj 2011: 106.
 3 Vgl. Frantz 2014: 283.
 4 Vgl. Elsie 1963: 1.
 5 Vgl. Frantz 2010: 142.
 6 Vgl. Schmitt 2012: 119.
 7 Yildirim 2019: 40.
 8 Vgl. Doja 2006: 223 f.
 9 Vgl. Elsie 1963.
10 Vgl. Kia 2011: 170.
11 Vgl. Kia 2011: 166.
12 Kara 2019: 67.
13 Vgl. Elsie 1963.
14 Vgl. die Schilderung des Religionswissenschaftlers Peter van der Veer bei
    einer Rifai-Gruppe in Indien (van der Veer 1992) und einen Bericht des
    Journalisten Michael Biach in Bosnien: https://www.wienerzeitung.at/
    nachrichten/reflexionen/vermessungen/561185_Die-heulenden-Derwi
    sche.html?em_no_split=1, abgerufen am 26.12.2020.

15 Vgl. Trimingham 1998: 38 f.

16 Vgl. Frantz 2010: 143.

17 Vgl. Ücar 2004.

18 Vgl. Frantz 2014.

19 Vgl. Reinkowski 2005.

20 Frantz zufolge galt dies für alle Religionsgemeinschaften und ethnische Gruppen. Vgl. Frantz 2014: 68 ff.

21 Vgl. Denich 1974: 250.

22 Vgl. Young 2000: 41.

23 Vgl. Denich 1974.

24 Vgl. Frantz 2014: 297.

25 Vgl. Reinkowski 2005: 140.

26 Vgl. https://jungle.world/artikel/2017/37/der-albanische-jungfrauenzir kus, abgerufen am 17.1.2021.

27 Vgl. Frantz 2010: 143.

28 Vgl. Frantz 2014: 285.

29 Vgl. Neweklowsky 1996: 177.

30 Vgl. Neweklowsky 1996: 143.

31 Vgl. Schmitt 2012: 68.

32 Vgl. Omerika 2013: 15

33 Vgl. Donia/Fine 1994: 87.

34 Vgl. Furat 2012.

35 Vgl. Karačič 1999.

36 Vgl. Klieber 2010: 163.

37 Vgl. Neweklowsky 1996: 103 ff.

38 Vgl. Omerika 2013: 41.

39 Vgl. Merdani 2013: 64.

40 Vgl. Zanga 1980.

41 Vgl. Kudo 2016: 70 ff.

42 Vgl. Weithmann 2000: 123.

43 Zaugg 2016: 196.

44 Vgl. Schmitt 2007.

45 Vgl. Omerika 2013: 20–31.

46 Vgl. Telbizova-Sack 2008.

47 Vgl. u. a. https://www.zeit.de/2006/49/Mustafa-Ceric/komplettansicht, abgerufen am 18.12.2020.

48 https://www.sueddeutsche.de/politik/islam-konservative-und-bruessel-prediger-wirbt-fuer-scharia-mit-hilfe-der-cdu-1.202888, abgerufen am 18.12.2020.

49 https://www.nzz.ch/schweiz/machtwort-aus-sarajevo-grossmufti-verord net-muslimen-schweizer-werte-ld.1293574, abgerufen am 18.12.2020.

50 Vgl. Bijedic 2009: 199.

51 Vgl. Karčič 2007; Neugebauer 2016: 226.

52 Vgl. Kube 2007.

53 https://de.statista.com/statistik/daten/studie/1070338/umfrage/die-laen

der-europas-mit-dem-niedrigsten-bruttoinlandsprodukt-bip-pro-kopf/, abgerufen am 18.12.2020.

54 Vgl. Clayer 1997: 123.

55 Vgl. Clayer 2012.

56 Vgl. u. a. Henig 2014.

3. Senegal

1 Vgl. Kariya 2012: 57.

2 Vgl. Roberts/Roberts 2002: 55.

3 Zur Biographie Bambas vgl. Robinson 1991.

4 Vgl. Robinson 1991: 154.

5 Vgl. Robinson 1991: 160.

6 Vgl. Bergmann 1968: 158.

7 Vgl. Robinson 1991: 162 f.

8 Vgl. https://ummahwide.com/freedom-fighter-and-saint-of-senegal-cheikh-aḥmadou-bamba-mbacke-3bfdacc7986f, abgerufen am 6.1.2021.

9 Vgl. Ross 1995.

10 https://africatimes.com/2016/11/19/senegal-welcomes-mouride-muslims-to-annual-pilgrimage/, abgerufen am 2.12.2020.

11 Vgl. Ross 2011: 2932.

12 Vgl. Ebin 1996.

13 Vgl. Turner 2005.

14 Vgl. Coulon 1999.

15 Vgl. McLaughlin/Mboup 2010: 46.

16 Vgl. Kariya 2012: 55.

17 Vgl. Volk 2017: 40.

18 Vgl. Loimeier 1994: 100.

19 Vgl. Loimeier 1994: 109.

20 https://www.deutschlandfunkkultur.de/muslimische-bruderschaft-im-senegal-die-macht-der-muriden.979.de.html?dram:article_id=453965, abgerufen am 2.12.2020.

21 Vgl. Buggenhagen 2001: 379.

22 Vgl. Bergmann 1968: 164.

23 Vgl. McLaughlin 1997: 571.

24 Vgl. Ross 2011: 2945.

25 Vgl. Guijarro 2016: 85.

26 Vgl. Savishinsky 1994.

27 Vgl. Guijarro 2016: 80.

28 Die Idee einer solchen Kraft existiert auch in anderen sufistischen Orden.

29 https://www.auswaertiges-amt.de/de/aussenpolitik/laender/senegal-node/wirtschaft/208192, abgerufen am 5.12.2020.

30 https://www.swr.de/swr2/programm/broadcastcontrib-swr-28778.html, abgerufen am 1.2.2021.

31 Vgl. Loimeier 1995; Volk 2017: 35.

32 Zu den wichtigsten Ordensgemeinschaften gehören neben den Muriden die Qadiriyya, die im 11. Jahrhundert in Bagdad gegründet wurde und sich über Händler in Westafrika ausbreitete, und die Tidjaniyya, die im 18. Jahrhundert in Nordafrika entstand.

33 Vgl. Cruise O'Brian 1971.

34 Vgl. Babou 2013.

35 Vgl. Bergmann 1968: 153.

36 Vgl. Bergmann 1968: 154.

37 https://www.hrw.org/news/2019/02/01/senegal-make-talibe-children-campaign-focus, abgerufen am 3.12.2020.

38 Vgl. Perry 2004: 61.

39 Vgl. Loimeier 2006: 208.

40 Vgl. Volk 2017: 34 f.

4. Sudan

1 Vgl. Zenkovsky 1950: 66 f.

2 Vgl. Bobzin 2015: 528.

3 Vgl. Natvig 1987: 669.

4 Vgl. Haberland 1960: 143.

5 Vgl. Haberland 1960: 143 ff.

6 Vgl. Boddy 2007.

7 Vgl. Pielow 1997: 256.

8 Vgl. Böhringer-Thärigen 1996: 122 ff.

9 Vgl. Sidahmed 2001: 190 ff.

10 https://www.frauenrechte.de/unsere-arbeit/themen/weibliche-genital verstuemmelung/unser-engagement/aktivitaeten/genitalverstuemme lung-in-afrika/fgm-in-afrika/1431-sudan, abgerufen am 5.1.2021.

11 Vgl. Böhringer-Thärigen 1996: 24.

12 Vgl. Gruenbaum 2006: 128.

13 Vgl. Böhringer-Thärigen 1996: 44 f.

14 Vgl. Gruenbaum 2006: 131.

15 https://www.unicef.de/mitmachen/ehrenamtlich-aktiv/-/hochschulgrup pe-fulda/weibliche-genitalverstuemmelung/194758, abgerufen am 5.1.2021.

16 https://www.frauenrechte.de/unsere-arbeit/themen/weibliche-genital verstuemmelung/unser-engagement/aktivitaeten/genitalverstuemme lung-in-afrika/fgm-in-afrika/1431-sudan, abgerufen am 5.1.2021.

17 Vgl. Parker 1995: 510.

18 Vgl. Gruenbaum 2006: 128.

19 Vgl. Boddy 1989: 55.

20 Vgl. Gruenbaum 2006: 122; Rouzi 2013: 12.

21 Vgl. Boddy 2007: 111.

22 Vgl. Boddy 1993: 31.

23 Vgl. Zenkovsky 1945: 242.

24 Vgl. Böhringer-Thärigen 1996: 60.

25 https://fowid.de/meldung/staaten-ehen-minderjaehrigen-erlauben, abge-
    rufen am 6.1.2021.
26 Vgl. Zenkovsky 1945: 255.
27 Vgl. Schultz 2007: 180.
28 Vgl. Schultz 2007: 176.
29 Vgl. Parker 1995: 508 ff.
30 Vgl. Böhringer-Thärigen 1996: 44 f.
31 Detaillierte Darstellungen aller Sequenzen finden sich in Böhringer-Thä-
    rigen 1996 und Zenkovsky 1945.
32 Vgl. Boddy 1989: 273.
33 Vgl. Böhringer-Thärigen 1996: 76.
34 Vgl. Hale 2005: 42.
35 Vgl. Gruenbaum 2005: 42.
36 Vgl. Gruenbaum 2005: 43.
37 Vgl. Kenyon 1995: 109.
38 Vgl. Abdel Halim 2009: 394.
39 Vgl. Seesemann 2005: 98.
40 Vgl. Hale 2005: 39.
41 Vgl. Schultz 2007: 174.
42 https://www.amnesty.at/über-amnesty/aktivist-innen/netzwerk-frauen
    rechte/news-events/diskriminierung-von-frauen-im-sudan/, abgerufen
    am 6.1.2021.
43 Vgl. Boddy 2017: 155.
44 Vgl. Gruenbaum 2006: 129.
45 Vgl. Kenyon 1995: 116.

5. Oman

1 https://www.deutschlandfunk.de/religion-im-oman-ein-islam-der-maxi
   malen-toleranz.886.de.html?dram:article_id=453492, abgerufen am 2.10.
   2020.
2 https://www.welt.de/reise/Fern/article134595804/Typisches-rekordver
   daechtiges-skurriles-Oman.html, abgerufen am 2.10.2020.
3 Vgl. Schwartz 1983: 24; Wilkinson 1987.
4 Vgl. Crone 2005: 57.
5 https://www.sueddeutsche.de/politik/aussenansicht-die-scharia-gibt-es-
   nicht-1.3027198-2, abgerufen am 3.10.2020.
6 Vgl. Wellhausen 1901.
7 Vgl. Bierschenk 1988: 108 ff; Crone 2005: 54 ff.
8 Vgl. Schwartz 1983: 25.
9 Berger 2008: 232.
10 Vgl. Berger 2008: 228.
11 Vgl. Berger 2008: 237.
12 Vgl. Firdouz 2007.
13 Vgl. Wilkinson 1987: 9.

14 Vgl. al-Azri 2013: 114f.
15 Vgl. al-Azri 2013: 115.
16 Vgl. Eickelman 1984.
17 https://www.auswaertiges-amt.de/de/aussenpolitik/laender/oman-node/politisches-portrait/204180, abgerufen am 20.8.2020.
18 Diese Restriktionen bestehen weiterhin.
19 Vgl. Eickelman 2000: 124.
20 Vgl. Rassekh 2004.
21 Vgl. Hussein 2020.
22 Qabus/Miller 1997: 17.
23 al-Mamari/Popp 2017.
24 al-Salmi 2016: 44.
25 al-Salmi 2016: 53.
26 Vgl. United States Department of State, Bureau of Democracy, Human Rights and Labour (2018): International Relations Freedom Report 2018. https://www.state.gov/wp-content/uploads/2019/05/OMAN-2018-INTERNATIONAL-RELIGIOUS-FREEDOM-REPORT.pdf, S. 7, abgerufen am 12.8.2020
27 Vgl. al-Omairi/Amzat 2012.
28 Vgl. al-Omairi/Amzat 2012: 66.
29 Vgl. Rassekh 2004: 25ff.
30 Vgl. al-Omairi/Amzat 2012: 66ff.
31 Vgl. Jones/Ridout 2005: 390.
32 Vgl. Qabus/Miller 1997: 18.
33 Vgl. al-Azri 2013: 78.
34 Vgl. al-Azri 2013: 88.
35 In Saudi-Arabien ist es Frauen seit 2018 erlaubt, Auto zu fahren. Zuvor gab es spektakuläre Kampagnen saudischer Aktivistinnen, die regelmäßig mit deren Verhaftung endeten.
36 al-Azri 2013: 77.
37 Eickelman 1993: 656.
38 https://data.worldbank.org/indicator/SP.DYN.TFRT.IN?end=2018&locations=OM&start=1960, abgerufen am 25.10.2020.
39 Vgl. Hussein 2020.
40 Vgl. Qabus/Miller 1997: 18.

6. Pakistan

1 Zum Ursprung des Begriffs «drittes Geschlecht» aus dem Sanskrit vgl. Gugler 2007.
2 Vgl. Pamment 2010: 30.
3 Vgl. Pfeffer 1995: 35.
4 Vgl. u.a. https://www.youtube.com/watch?v=D-Iji_JmnkM, abgerufen am 9.12.2020.
5 Vgl. Metcalf 2014.

6 Vgl. Gugler 2015.

7 Vgl. Gugler 2011.

8 Vgl. https://www.washingtonpost.com/news/worldviews/wp/2016/06/28/pakistani-muslim-clerics-approve-transgender-peoples-right-to-marry-call-them-gods-children-too/, abgerufen am 9.12.2020.

9 Vgl. Rais 1993.

10 Vgl. Chaudhary 2016.

11 Vgl. Chaudhary 2011.

12 Vgl. Ibad 2019.

13 https://knoema.de/atlas/Pakistan/topics/Bildung/Alphabetisierung/Alphabetisierungsrate-Erwachsene, abgerufen am 9.12.2020.

14 https://www.liportal.de/pakistan/wirtschaft-entwicklung/, abgerufen am 9.12.2020.

15 https://www.dawn.com/news/1452284, abgerufen am 9.12.2020.

16 https://www.youtube.com/watch?v=NMp2wmoVMUs, abgerufen am 9.12.2020.

17 Vgl. Awan 2019: 125.

18 Vgl. Nanda 1999.

19 Vgl. Pamment 2010: 32; Wade 2019: 43 ff.

20 Vgl. Nanda 1999: 30 ff.

21 Vgl. Schröter 2002: 146 f.

22 Vgl. Frembgen 1993: 196.

23 Vgl. Basu 1994: 216

24 Vgl. Wilde 2014: 349.

25 Vgl. Murray 1997; Penrose 2006.

26 Vgl. El-Rouayher 2005: 16.

27 Vgl. El-Rouayher 2005: 6.

28 Vgl. Baldauf 1988.

29 https://berlinergazette.de/missbrauch-oder-kulturelle-praxis-afghanistan-knabenspiel/, abgerufen am 6.1.2021.

30 Vgl. Wikan 1978.

7. USA

1 Vgl. Martin et al 2016.

2 Vgl. Amirpur 2013: 103.

3 Vgl. Taha 1987: 139.

4 Vgl. Yousefi 2016: 197–203.

5 Vgl. Arkoun 1984.

6 Vgl. Günther 1995: 553 ff.

7 Abu Zaid 2006: 155.

8 Abu Zaid 2008: 89.

9 Abu Zaid 2008: 164.

10 https://www.usuli.org/2020/06/12/the-prophet-s-first-khutbah-and-the-cornerstone-of-faith/, abgerufen am 12.11.2020.

11 https://www.usuli.org/2017/12/09/khaled-abou-el-fadl-inaugurates-the-usuli-institute/, abgerufen am 12.11.2020.

12 Vgl. Abou El Fadl 2004.

13 Wadud 2006: 151.

14 Vgl. Wadud 2006: 223.

15 Vgl. Wadud 2006: 221.

16 Vgl. Wadud 1992: 2.

17 Die Konfrontation des männlichen Blickes mit dem weiblichen und die Ermächtigung des ausgeschlossenen weiblichen Anderen sind zentrale Parameter des akademischen Feminismus, das neue Lesen religiöser Texte eine etablierte Methode christlicher, teilweise auch jüdischer feministischer Kritik.

18 Vgl. Wadud 1992: 3.

19 Vgl. Wadud 2006: 28.

20 Vgl.   http://de.qantara.de/Amina-Waduds-Durchbruch/789c99/index.html, abgerufen am 3.1.2021.

21 http://peprimer.com/islam-women-rights.html, abgerufen am 23.11.2020.

22 https://www.mpvusa.org/mpv-principles, abgerufen am 27.12.2020.

8. Malaysia

1 Vgl. Schröter 2010: 10 f.

2 Vgl. Amirell 2011; Bradley 2009; Khan 2010.

3 Vgl. Sanday 2003.

4 Vgl. Peletz 1987: 450.

5 Vgl. De Josselin de Jong 1980.

6 Vgl. Lebar 1972: 17.

7 Vgl. Peletz 1987: 451 ff.

8 Vgl. Kassim 1988: 137.

9 Vgl. Sanday 2002: 9; Snouck-Hurgronje 1906: 339.

10 Vgl. Peletz 1987: 460.

11 Vgl. Peletz 1987.

12 Vgl. De Josselin de Jong 1960.

13 Vgl. Kuwahara 1998: 28 f.

14 Vgl. Benda-Beckmann 2012.

15 Vgl. Stivens 1996.

16 Vgl. Kassim 1988: 147.

17 Vgl. Ong 1995: 164.

18 69,6% der Bevölkerung sind Malaien, die staatlicherseits als Muslime definiert werden, 22,6% sind chinesischstämmig und 6,8% besitzen indische bzw. tamilische Vorfahren. https://www.dosm.gov.my/v1/index.php?r=column/cthemeByCat&cat=155&bul_id=OVByWjg5YkQ3MWFZRTN5bDJiaEVhZz09&menu_id=LopheU43NWJwRWVSZklWdzQ4TlhUUT09, abgerufen am 1.2.2021.

19 Vgl. Ong 1987.

20 Vgl. Ong 1995: 172.
21 Vgl. Ackerman 1991: 199.
22 Vgl. Ong 1995: 265
23 Vgl. Ong 1987.
24 Im Jahr 2019 nahm das Land Platz 27 von 141 auf der Ranking Liste des Global Competitiveness Report des «World Economic Forum» ein und stand nach Singapur auf Position zwei der ASEAN-Staaten. Vgl. http:// www3.weforum.org/docs/WEF_TheGlobalCompetitivenessReport2019. pdf, abgerufen am 15.1.2021.
25 Vgl. Anwar 1987: 241.
26 Vgl. Nagata 1984.
27 Vgl. Ismail 2006: 50.
28 Vgl. Anwar 2001: 229.
29 Vgl. u. a. Anwar 2001; Othman 2005; Othman/Ng 1995.
30 www.thejakartapost.com/news/2010/07/22/survey-malaysia-children-reject-polygamy-practice.html, abgerufen am 16.1.2012.
31 Persönliches Statement von Zainah Anwar vom 30.4.2011 in Berlin.
32 Vgl. Musawah 2011: 8.

9. Indonesien

1 Vgl. Resink 1997.
2 Zur Verbreitung des Seeköniginnen-Mythos in Südostasien vgl. Wessing 2016.
3 Vgl. Geertz 1964.
4 Vgl. Rickleffs 2006.
5 Vgl. Magnis-Suseno 2015: 79.
6 Vgl. Magnis-Suseno 1981: 267.
7 Vgl. Magnis-Suseno 1981: 272.
8 Zu den islamischen Quellen des slametan vgl. Woodward 1988: 62 ff.
9 Vgl. Mulder 1970: 105 ff.
10 Vgl. Schlehe 1996: 396.
11 Vgl. Resink 1997.
12 Vgl. Woodward 1991: 109.
13 Vgl. Magnis-Suseno 1981: 115.
14 Vgl. Magnis-Suseno 2015: 116.
15 Vgl. Noor 2000.
16 Zu diesen Denkern gehörten Hamzah Fansuri, Shamsul-din Pasai und Abdul-Rauf Singkel.
17 Vgl. Soenarto 2005: 51 ff.
18 Vgl. Woodward 1989: 17.
19 Vgl. Woodward 1988: 59.
20 Vgl. Rickleffs 2012: 7.
21 Vgl. Magnis-Suseno 2015: 115.
22 Vgl. Mylius 1962: 596, 600; Petersen 1994.

23 Vgl. Pausacker 2004.
24 Vgl. Walton 2007: 34.
25 Vgl. Woodward 2011: 13.
26 Vgl. Rickleffs 2012: 43.
27 Vgl. Schröter 2008: 5 ff.
28 Vgl. Schöter 2014.
29 Vgl. Rodemeier 2014.
30 Vgl. Staquf 2020.

10. China

 1 Die zweitgrößte Gruppe sind die Uiguren, die im 8. Jahrhundert aus einer Föderation zentralasiatischer Turkvölker hervorgingen und mehrheitlich in der autonomen Provinz Xinjiang leben.
 2 Vgl. Atwill 2005: 37; Gladney 1996: 273.
 3 Vgl. Mees 1984: 7 f.
 4 Zur Begriffsgeschichte siehe Hernig 2010.
 5 Vgl. Hu 2008: 18.
 6 Vgl. Hu 2008: 35.
 7 Vgl. Mees 1984: 22 f.
 8 Vgl. Mees 1984: 25.
 9 Vgl. McCarthy 2009: 66.
10 Vgl. https://www.kas.de/de/laenderberichte/detail/-/content/islam-und-politik-in-der-vr-china, abgerufen am 18.12.2020.
11 Vgl. Israeli 1977: 27.
12 Vgl. Hu 2008: 50 f.
13 Vgl. Hu 2008: 57.
14 Vgl. Atwill 2005; Gillette 2000: 11.
15 Vgl. Hu 2008: 68 ff.
16 Vgl. Ludwig 2009: 42.
17 Vgl. Gladney 1996: 164.
18 Vgl. Gladney 2004: 20.
19 Der Begriff entstammt einer religionskritischen Schrift von Karl Marx.
20 Vgl. Gladney 2008: 188; Hu 2008: 175 f.
21 yihewani geht auf den arabischen Begriff *ichwan*, Bruderschaft, zurück, ist aber nicht mit der Muslimbruderschaft identisch.
22 Vgl. Gillette 2000: 78.
23 Vgl. Gillette 2000: 80.
24 Vgl. McCarthy 2009: 143.
25 Vgl. McCarthy 2009: 153.
26 Vgl. McCarthy 2009: 155 ff.
27 Vgl. Gladney 1996: 14.
28 Vgl. Gillette 2000: 130 f.
29 Vgl. Gillette 2000: 121.
30 Vgl. Mees 1984: 29.

31 Vgl. Israeli 1980: 53.
32 Vgl. Gladney 1996: 323.
33 Vgl. Gladney 2004: 167.
34 Vgl. Gillette 2008.
35 Sie soll, laut Gladney, von den Ichwan dominiert sein. Vgl. Gladney 2008: 189.
36 Vgl. Gladney 1996: 63.
37 https://www.chinainfostelle.de/aktuelles/religionspolitisches-strategiepapier-der-chinesischen-regierung, abgerufen am 18.12.2020.
38 https://www.chinainfostelle.de/aktuelles/religionspolitisches-strategiepapier-der-chinesischen-regierung, abgerufen am 18.12.2020.
39 https://www.bamf.de/SharedDocs/Anlagen/DE/Behoerde/Informationszentrum/Laenderreporte/2020/laenderreport-22-china.pdf?_blob=publicationFile&v=2, abgerufen am 17.12.2020.
40 http://emuseum.cn/en, abgerufen am 18.12.2020.
41 http://www.china.org.cn/travel/Ningxia/2011-01/05/content_21678148.htm, abgerufen am 18.12.2020.
42 Vgl. Gladney 1996: 270.
43 Vgl. Allès 1999: 302.
44 Vgl. Jaschok/Jingjun 2000: 18.
45 Allès 1999: 297.

11. Deutschland

 1 Khorchide 2012: 23 f.
 2 Khorchide 2012: 29.
 3 Khorchide 2012: 58.
 4 Khorchide 2012: 58.
 5 Vgl. Khorchide 2013: 201.
 6 Vgl. Khorchide 2013: 79.
 7 Vgl. Khorchide 2013: 79.
 8 http://saekulare-muslime.org/index.html, abgerufen am 25.7.2018.
 9 Ourghi 2017: 191.
10 Ourghi 2017: 208.
11 Ourghi 2017: 212.
12 Vgl. Khorchide 2020: 24.
13 Vgl. Khorchide 2020: 41 ff.
14 Vgl. Abdel-Samad 2015: 88.
15 Vgl. Abdel-Samad 2015: 225.
16 Vgl. Abdel-Samad 2016: 106.
17 Vgl. Abdel-Samad 2016: 218.
18 https://lib-ev.jimdo.com/wir-über-uns/, abgerufen am 11.11.2020.
19 Vgl. Kaddor 2011: 51 ff.
20 Vgl. Khorchide 2020: 199; Hummel 2014.
21 https://www.ffgi.net/saekularer-islam/, abgerufen am 11.11.2020.

22 https://www.mg-nrw.de/index.html, abgerufen am 11.11.2020.

23 Vgl. u. a. Ateş 2007, 2009.

24 https://www.zeit.de/2017/25/islam-liberalismus-frauen-reform-moschee-berlin, abgerufen am 25.7.2018.

Literatur

Abdel Halim, Asma Mohamed (2009): Women's organisations seeking gender justice in the Sudan 1964–1985. In: Review of African Political Economy 36 (121): 389–407.

Abdel-Samad, Hamed (2015): Mohammed. Eine Abrechnung. München: Droemer.

Abdel-Samad, Hamed (2016): Der Koran. Botschaft der Liebe, Botschaft des Hasses. München: Droemer.

Abou El Fadl, Khaled (2004): Islam and the challenge of democracy. Princeton: Princeton University Press.

Abu Zaid, Nasr Hamid (2006): Ein Leben mit dem Islam. Freiburg: Herder.

Abu Zaid, Nasr Hamid (2008): Gottes Menschenwort. Für ein humanistisches Verständnis des Koran. Freiburg: Herder.

Ackerman, Susan E. (1991): Dakwah and minah karan. Class formation and ideological conflict in Malay society. In: Bijdragen tot de Taal-, Land- en Volkenkunde 147 (2/3): 193–215.

Al-Azri, Khalid M. (2013): Social and gender inequality in Oman. The power of religious and political tradition. London: Routledge.

Al-Mamari, Mohammed Said/Georg Popp (2017): Tolerance, understanding, coexistence. Oman's message of Islam. München: Arabia Felix Synform GmbH, https://www.baraza.ngo/fileadmin/baraza/PDFs/RT_Oman_100_web.pdf, abgerufen am 1.10.2020.

Al-Omairi, Turkiya/Ismail Hussein Amzat (2012): Women in Omani society. Education and participation. In: OIDA. International Journal of Sustainable Development 3 (5): 63–81.

Al-Salmi, Shaikh Abdullah bin Mohammed (2016): Religiöse Toleranz. Eine Vision für eine neue Welt. Hildesheim: Georg Olms Verlag.

Algar, Hamid (1976): The Naqshbandi order. A preliminary survey of its history and significance. In: Studia Islamica 44: 123–152.

Allès, Elisabeth (1999): Moscheen als weibliche Institutionen. Religiöse Karrieren von Frauen in China. In: Klein-Hessling, Ruth et al. Hg.: Der neue Islam der Frauen. Weibliche Lebenspraxis in der globalisierten Moderne. Bielefeld: Transcript, 291–310.

Amirell, Stefan (2011): The blessings and perils of female rule. New perspectives of the reigning queens of Patani, c. 1584–1718. In: Journal of Southeast Asian Studies 42 (2): 303–323.

Amirpur, Katajun (2013): Den Islam neu denken. Der Dschihad für Demokratie, Freiheit und Frauenrechte. München: Beck.

Anwar, Zainah (1987): Islamic revivalism in Malaysia. Dakwah among the students. Petaling Jaja: Pelanduk Publications.

Anwar, Zainah (2001): What Islam, whose Islam. Sisters in Islam and the struggle for women's rights. In: Hefner, Robert W., Hg.: The politics of multiculturalism: Pluralism and citizenship in Malaysia, Singapore, and Indonesia. Honolulu: University of Hawaii Press, 227–252.

Arkoun, Mohammed (1984): Pour une critique de la raison islamique. Paris: Éditions Maisonneuve et Larose.

Aslan, Reza (2006): Kein Gott außer Gott. Der Glaube der Muslime von Muhammad bis zur Gegenwart. München: C.H.Beck.

Atasoy, Nurhan (1992): Dervish dress and ritual. In: Lifchez, Raymond, Hg.: The dervish lodge. Architecture, art and sufism in Ottoman Turkey. Berkeley: University of California Press, 253–268.

Ateş, Seyran (2007): Der Multi-Kulti-Irrtum. Wie wir in Deutschland besser zusammenleben können. Berlin: Ullstein.

Ateş, Seyran (2009): Der Islam braucht eine sexuelle Revolution. Eine Streitschrift. Berlin: Ullstein.

Atwill, David G. (2005): The Chinese sultanate. Islam, ethnicity, and the Panthay rebellion in southwest China, 1856–1873. Stanford: Stanford University Press.

Awan, Muhammad Ali (2019): Transgender people and human rights issues in Pakistan. Frankfurt: Goethe Universität (unveröffentlichte Dissertation).

Babou, Cheikh Anata (2013): The Senegalese «social contract» revisited. The Muridiyya muslim order and state politics in postcolonial Senegal. In: Diouf, Mamadou, Hg.: Tolerance, democracy and sufis in Senegal. New York: Columbia University Press, 125–146.

Baldauf, Ingeborg (1988): Die Knabenliebe in Mittelasien. Berlin: Das arabische Buch.

Basak, Rasim (2017): Secularization and commercialization of Rumi. In: Journal of Current Researches and Social Sciences 7 (2): 113–124.

Basarudin, Azza (2016): Humanizing the sacred. Sisters in Islam and the struggle for gender justice in Malaysia. Washington: University of Washington Press.

Basu, Helene (1994): Das Heilige und das Weibliche. Geschlechterkonstruktionen im indo-muslimischen Sufismus. In: Zeitschrift für Ethnologie 119 (2): 215–227.

Benda-Beckmann, Franz und Keebet von (2012): Kulturkampf in Minangkabau. Der neue alte Streit um die wahre minangkabausche Identität in der Zeit der Reformasi. In: Asien 123: 12–27.

Berger, Lutz (2008): Mit der Waffe des Islams gegen Zionisten und Anthropomorphisten. Die politische Relevanz mittelalterlicher Theologie im ibaditischen Islam der Gegenwart. In: Die Welt des Islams, New Series, 48 (2): 222–239.

Bergmann, Herbert (1968): Die Bruderschaft der Muriden. Eine funktionale Analyse. In: Soziale Welt 19 (2): 150–171.

Bierschenk, Thomas (1988): Religion and political structure. Remarks on Ibadism in Oman and the Mzab (Algeria). In: Studia Islamica 68: 107–127.

Bijedic, Elvira (2009): Der Bogomilenmythos. Eine umstrittene «historische Unbekannte» als Identitätsquelle in der Nationsbildung der Bosniaken. Heidelberg: Ruprecht-Karls-Universität (unveröffentlichte Dissertation).

Bobzin, Hartmut (2015): Der Koran. München: Beck.

Boddy, Janice (1989): Wombs and alien spirits. Women, men, and the zar cult in northern Sudan. Madison: University of Wisconsin Press.

Boddy, Janice (1993): Subversive kinship. The role of spirit possession in negotiating social space in rural northern Sudan. In: Political and Legal Anthropology Review 16 (2): 29–37.

Boddy, Janice (2007): Civilizing women. British crusades in colonial Sudan. Princeton: Princeton University Press.

Boddy, Janice (2017): «Just sitting», but not sitting still. Delayed adulthood and changing gender dynamics in northern Sudan. In: Durham, Deborah/Jacqueline Solway, Hg.: Elusive adulthoods. The anthropology of new maturities. Bloomington: Indiana University Press, 152–173.

Böhringer-Thärigen, Gabriele (1996): Besessene Frauen. Der zar-Kult von Omdurman. Wuppertal: Trickster.

Böttcher, Annabelle (2006): Religious authority in transnational Sufi networks. Shaykh Nazim al-Qubrusi al-Haqqani al-Naqshbandi. In: Krämer, Gudrun/Sabine Schmidtke, Hg.: Speaking for Islam. Religious authorities in Muslim societies. Leiden: Brill, 241–268.

Bradley, Francis R. (2009): Moral order in the time of damnation. The «Hikayat Patani» in historical context. In: Journal of Southeast Asian Studies 40 (2): 267–293.

Buggenhagen, Beth A. (2001): Prophets and profits. Gendered and generational visions of wealth and value in Senegalese murid households. In: Journal of Religion in Africa 31 (4): 373–401.

Chaudhary, Azam M. (2016): Social welfare functions of the shrine of Bari Imam. How the shrine nationalization policy backfired. In: Anthropos 111 (1): 205–213.

Chaudhary, Muhammad Azam (2011): Bari Imam. The saint and the marginal group. A historical review. In: Pakistan Journal of Social Sciences 28: 15–35.

Clayer, Natalie (2012): Netzwerke muslimischer Bruderschaften in Südosteuropa. In: Europäische Geschichte Online, http://ieg- ego.eu/de/threads/europaeische-netzwerke/islamische-netzwerke/nathalie-clayer-netzwerke-muslimischer-bruderschaften-in-suedosteuropa, abgerufen am 4.7.2017.

Clayer, Nathalie (1997): Islam, state and society in post-communist Albania. In: Poulton, Hugh/Suha Taji-Farouki, Hg.: Muslim identity and the Balkan state. New York: New York University Press, 115–138.

Clayer, Nathalie (2012): The Bektashi institutions in southeastern Europe. Alternative Muslim official structures and their limits. In: Die Welt des Islam 52 (2): 183–203.

Conner, Rhiannon (2015): From Amuq to Glastonbury. Situating the apocalypticism of Shaikh Nazim and the Naqshbandi-Haqqaniyya. Exeter: Exeter University. Institute of Arab and Islamic Studies (unveröffentlichte Dissertation).

Cornell, Svante E. (2015): The Naqshbandi-Khalidi order and political Islam in Turkey. https://www.hudson.org/research/11601-the-naqshbandi-khalidi-order-and-political-islam-in-turkey, abgerufen am 5.1.2021.

Coulon, Christian (1999): The grand magal in Touba. A religious festival on the Mouride brotherhood in Senegal. In: African Affairs 98: 195–210.

Crone, Patricia (2005): Medieval Islamic political thought. Edinburgh: Edinburgh University Press.

Cruise O'Brian, Donal (1971): The Mourides of Senegal. The political and economic organization of an Islamic brotherhood. Oxford: Clarendon Press.

De Josselin de Jong, Jan Petrus Benjamin (1960): Islam versus adat in Negri Sembilan (Malaya). In: Bijdragen tot de Taal-, Land- en Volkenkunde 116 (1): 158–203.

De Josselin de Jong, Jan Petrus Benjamin (1980): Minangkabau and Negri Sembilan. Socio-political structure in Indonesia. S'Gravenhage: Martinus Nijhoff.

Denich, Bette S. (1974): Sex and power in the Balkans. In: Rosaldo, Michelle Z./Louise Lamphere, Hg.: Woman, culture, and society. Stanford: Stanford University Press, 243–262.

Doja, Albert (2006): A political history of Bektashism from Ottoman Anatolia to contemporary Turkey. In: Church and State 48 (2): 423–450.

Donia, Robert J./John V. A. Fine (1994): Bosnia and Hercegovina. A tradition betrayed. New York: Columbia University Press.

Ebin, Victoria (1996): Making room versus creating space. The construction of spatial categories by itinerant Mouride traders. In: Metcalf, Barbara D., Hg.: Making Muslim space in North America and Europe. Berkeley: University of California Press, 92–109.

Eickelman, Christine (1993): Fertility and social change in Oman. Women's perspectives. In: Middle East Journal 47 (4): 652–666.

Eickelman, Dale F. (1984): Oman's state consultative council. In: Middle East Journal 38 (1): 51–71.

Eickelman, Dale F. (2000): Islam and the language of modernity. In: Faedalus 129 (1): 119–135.

El-Rouayher, Khaled (2005): Before homosexuality in the Arab-Islamic world, 1500–1800. Chicago: University of Chicago press.

Elsie, Robert (1963): Der Islam und die Derwisch-Sekten Albaniens. Anmerkungen zu ihrer Geschichte, Verbreitung und zur derzeitigen Lage. http://www.kakanien-revisited.at/beitr/fallstudie/RElsie2.pdf, abgerufen am 20.12.2020.

Feldman, Walter (2005): Music of the Ottoman Sufi orders. In: Ocak, Ahmet Yaşar, Hg.: Sufism and Sufis in Ottoman society. Sources, doctrine, rituals, turuq, architecture, literature and fine arts, modernism. Ankara Atatürk Supreme Council for Culture, Language and History.

Feldman, Walter Zev (2019): The emergence of Ottoman music and local modernity. In: YILLIK. Annual of Istanbul Studies 1: 173–179.

Firdouz, Neelofar (2007): Oman from independent commercial power to British semi-colony, 1832–1914. In: Proceedings of the Indian History Congress 68 (2): 1225–1228.

Foley, Sean (2008): Islamic sainthood, and religion in modern times. In: Journal of World History 19 (4): 521–545.

Frantz, Eva Anne (2010): Religiös geprägte Lebenswelten im spätosmanischen Kosovo. In: Schmitt, Jens Oliver, Hg.: Religion und Kultur im albanischsprachigen Südosteuropa. Frankfurt: Lang, 127–151.

Frantz, Eva Anne (2014): Zwischen Gewalt und friedlicher Koexistenz. Muslime und Christen im spätosmanischen Kosovo (1870–1913). Wien: Universität (unveröffentlichte Dissertation).

Frembgen, Jürgen W. (1993): Derwische. Gelebter Sufismus. Köln: Dumont.

Frembgen, Jürgen W. (1999): Kleidung und Ausrüstung islamischer Gottsucher. Ein Beitrag zur materiellen Kultur des Derwischwesens. Wiesbaden: Harrassowitz.

Furat, Ayşe Zişan (2012): A cultural transformation project. Religious and educational policy of the Austro-Hungarian Empire in Bosnia (1878–1918). In: Furat, Ayşe Zişan/Hamit Er, Hg.: Balkans and Islam. Encounter, transformation, discontinuity, continuity. Cambridge: Cambride Scholars Publishing, 63–84.

Geertz, Clifford (1964): The Religion of Java. The Free Press.

Gillette, Maris B. (2000): Between Mecca and Beijing. Modernization and consumption among urban Chinese Muslims. Stanford: Stanford University Press.

Gillette, Maris B. (2008): Violence, the state and a Chinese Muslim ritual remembrance, In: Journal of Asian Studies 67 (3): 1011–1037.

Gladney, Dru C. (1996): Muslim Chinese. Ethnic nationalism in the People's Republic. Cambridge, Mass.: Harvard University Press.

Gladney, Dru C. (2004): Dislocating China. Muslims, minorities, and other subaltern subjects. Chicago: University of Chicago Press.

Gladney, Dru C. (2008): Islam and modernity in China. Secularization or separatism? In: Yang, Mei-hu, Hg.: Chinese religiosities. Affictions of modernity and state formation. Berkeley: University of California Press, 179–205.

Goethe, Johann Wolfgang (2000): West-östlicher Divan. Zürich: Manesse.

Gruenbaum, Ellen (2005): Feminist activism for the abolition of FGC in Sudan. In: Journal of Middle East Women's Studies 1 (2): 89–111.

Gruenbaum, Ellen (2006): Sexuality issues in the movement to abolish female genital cutting in Sudan. In: Medical Anthropology Quarterly 20 (1): 121–138.

Gugler, Thomas (2007): Locating queer in the Vedas. Das dritte Geschlecht im Alten Indien. In: Südasien Info, http://www.suedasien.info/analysen/1931.html, abgerufen am 16.1.2021.

Gugler, Thomas (2011): Mission Medina: Daʿwat-e Islami und Tabligi Gamaʿat. Würzburg: Ergon.

Gugler, Thomas (2015): «Barelwis. Developments and Dynamics of Conflict with Deobandis». In: Lloyd Ridgeon, Hg.: Sufis and Salafis in Contemporary Age, London: Bloomsbury, 171–189.

Guijarro, Ester Massó (2016): Transnational Baye-fallism. Transformation of a Sufi heterodoxy through diasporic circulation. In: African Diaspora 9: 77–99.

Günther, Ursula (1995): Weder Modernismus noch Fundamentalismus. Karl-Jaspers-Vorlesungen zu Fragen der Zeit an der Universität Oldenburg vom 9.11. bis 19.11.1994. In: Verfassung und Recht in Übersee 28 (4): 550–558.

Haberland, Eike (1960): Besessenheitskulte in Süd-Äthiopien. In: Paideuma. Mitteilungen zur Kulturkunde 7 (3): 142–150.

Hajatpour, Reza (2018): Sufismus und Theologie. Grenze und Grenzüberschreitung in der modernen Glaubensdeutung. Freiburg: Karl Alber.

Hale, Sondra (2005): Activating the gender local. Transnational ideologies and women's culture in northern Sudan. In: Journal of Middle East Women's Studies 1 (1): 29–52.

Harmanşah, Rabia et al. (2014): Secularizing the unsecularizable. A comparative study of the Haci Bektashi and Mevlana museums in Turkey. In: Barkan, Elazar/Karen Barkey, Hg.: Choreographies of sacred sites. Religion, politics, and conflict resolution. New York: Columbia University Press, 336–367.

Henig, David (2014): Tracing creative moments. The emergence of translocal dervish cults in Bosnia-Herzegovina. In: Focaal. Journal of Global and Historical Anthropology 69: 97–110.

Hernig, Marcus (2010): Großartiges Reich der Mitte. Zur Aktualität chinesischer Mythen. In: Aus Politik und Zeitgeschehen. Sonderheft China. Bonn: Bundeszentrale für politische Bildung. https://www.bpb.de/apuz/32505/ grossartiges-reich-der-mitte-zur-aktualitaet-chinesischer-mythen?p=all, abgerufen am 21.12.2020.

Hill, Joseph (2019): Sufism between past and modernity. In: Woodward, Mark/Ronald Lukens-Bull, Hg.: Handbook of contemporary Islam and muslim lives. Cham: Springer, https://doi.org/10.1007/978-3-319-73653-2_9-1, abgerufen am 30.11.2020.

Hu, Fa (2008): Der Islam in Shaanxi. Geschichte und Gegenwart. Mit einer Untersuchung zum islamisch-christlichen Dialog in Zeiten der Globalisierung und des Ökumenismus. Bonn: Rheinische Friedrich-Wilhelms-Universität (unveröffentlichte Dissertation).

Hummel, Ulrike (2014): Gleichberechtigung im Namen des Islams. Porträt der Theologin Rabeya Müller. https://de.qantara.de/inhalt/portraet-der-theologin-rabeya-mueller-gleichberechtigung-im-namen-des-islams, abgerufen am 25.5.2021.

Hussein, Zeinab (2020): Gender politics in Oman. Between state, sect, and tribe. In: https://www.mei.edu/publications/gender-politics-oman-between-state-sect-and-tribe#_ftn14, abgerufen am 25.10.2020.

Ibad, Umber bin (2019): Sufi shrines and the Pakistani state. The end of religious pluralism. London: Tauris.

Ismail, Rose (2006): The modern Malay woman's dilemma. In: Far Eastern Economic Review, March 2006, 49–52.

Israeli, Raphael (1977): Islam and Judaism in China. The merger of two cultural sub-systems. In: Asian Profile 5 (1): 31–42.

Israeli, Raphael (1980): Muslims in China. A study in cultural confrontation. London: Curzon.

Jaschok, Maria/Shui Jingjun (2000): The history of women's mosques in Chinese Islam. A mosque of their own. Richmond, Surrey: Curzon.

Jones, Jeremy/Nicholas Ridout (2005): Democratic development in Oman. In: Middle East Journal 59 (3): 376–392.

Kabbani, Muhammad Hisham (2004): Classical Islam and the Naqshbandi Sufi tradition. Silver Parkway: Islamic Supreme Council of America.

Kaddor, Lamya (2011): Muslimisch – weiblich – deutsch. Mein Weg zu einem zeitgemäßen Islam. Bonn: Bundeszentrale für politische Bildung.

Kara, Cem (2019): Grenzen überschreitende Derwische. Kulturbeziehungen des Bektaschi-Ordens 1826–1925. Göttingen: Vandenhoeck und Ruprecht.

Karačić, Fikret (1999): Bosniaks and the Challenge of Modernity. Late Ottoman and Habsburg Times. Sarajewo: El-Kalem.

Karčić, Fikret (2007): From law to ethics. The process of modernization and reinterpretating the shari'a in Bosnia. Stuttgart-Hohenheim: Akademie der Diözese Rottenburg-Stuttgart.

Kariya, Kota (2012): The murid order and its ‹doctrine of work›. In: Journal of Religion in Africa 42 (1): 54–75.

Kassim, Azizah (1988): Women, land and gender relations in Negri Sembilan. Some preliminary findings. In: Southeast Asian Studies 26 (2): 132–149.

Kenyon, Susan (1995): Zar as modernization in contemporary Sudan. In: Anthropological Quarterly 68 (2): 107–120.

Khan, Sher Banu A. (2010): The sultanahs of Aceh, 1641–99. In: Graf, Arndt et al., Hg.: Aceh. History, politics, and culture. Singapur: ISEAS, 3–25.

Khorchide, Mouhanad (2013): Scharia – der missverstandene Gott. Der Weg zu einer modernen islamischen Ethik. Freiburg: Herder.

Khorchide, Mouhanad (2012): Islam ist Barmherzigkeit. Grundzüge einer modernen Religion. Freiburg: Herder.

Khorchide, Mouhanad (2020): Gottes falsche Anwälte. Der Verrat am Islam. Freiburg: Herder.

Kia, Mehrdad (2011): Daily life in the Ottoman empire. Santa Barbara, Calif.: Greenwood Press.

Kissling, Hans Joachim (1960): Die islamischen Derwischorden. In: Zeitschrift für Religions- und Geistesgeschichte 12 (1): 1–16.

Klieber, Rupert (2010): Jüdische, christliche, muslimische Lebenswelten der Donaumonarchie 1848–1918. Wien: Böhlau.

Kube, Stefan (2007): Zur Erinnerungskultur der bosnischen Muslime. Stutt-

gart-Hohenheim: Akademie der Diözese Rottenburg-Stuttgart. https://
www.akademie-rs.de/fileadmin/user_upload/download_archive/interreli
gioeser-dialog/071116_kube_erinnerungskultur.pdf, abgerufen am 28.12.
2020.

Kudo, Kerin (2016): Europäisierung und Islam in Bosnien-Herzegowina.
Netzwerke und Identitätsdiskurse. Baden-Baden: Nomos.

Kuwahara, Sueo (1998): A study of a matrilineal village in Negri Sembilan,
Malaysia. In: Senri Ethnological Studies 48: 27–52.

Lebar, Frank, M. (1972): Ethnic groups of Insular Southeast Asia. Bd. 1, New
Haven: HRAF Press.

Le Gall, Dina (2003): The forgotten Naqshbandis and the culture of pre-mo-
dern Sufi brotherhoods. In: Studia Islamica 97: 87–119.

Loimeier, Roman (1994): Religiös-ökonomische Netzwerke in Senegal. Das
Beispiel der muridischen Expansion in Dakar. In: Africa Spectrum 29 (1):
99–111.

Loimeier, Roman (1995): Politische Dimensionen der Beziehungen zwischen
Marabouts, Reformisten und Staat in Senegal. In: Meyns, Peter, Hg.: Staat
und Gesellschaft in Afrika. Erosions- und Reformprozesse. Münster: Lit,
305–317.

Loimeier, Roman (2006): «Political Islam» in contemporary Senegal. In: Brö-
ning, Michael/Holger Weiss, Hg.: Politischer Islam in Westafrika. Eine Bestandsaufnahme. Berlin: Lit, 189–218.

Ludwig, Klemens (2009): Vielvölkerstaat China. Die nationalen Minderheiten im Reich der Mitte. München: Beck.

Magnis-Suseno, Franz (1981): Javanische Moral. In: Zeitschrift für philoso-
phische Forschung 35 (1/2): 111–127; 267–283.

Magnis-Suseno, Franz (2015): Garuda im Aufwind. Das moderne Indonesien.
Bonn: Dietz.

Martin, Richard C. et al (2016): Defenders of reason in Islam. Mu'tazililism
from medieval school to modern symbol. Oneworld Publications.

McCarthy, Susan M. (2009): Communist multiculturalism. Ethnic revival in
southwest China. Washington: University of Washington Press.

McGowan, Bruce (2012): The Mevlevi organization. In: The Journal of Ottoman Studies 40: 295–324.

McLaughlin, Fiona (1997): Islam and popular music in Senegal. The emergence of a «new tradition». In: Africa. Journal of the International African
Institute 67 (4): 560–581.

McLaughlin, Fiona/Babacar Mboup (2010): Mediation and the performance
of religious authority in Senegal. In: Islamic Africa 1 (1): 39–61.

Mees, Imke (1984): Die Hui. Eine moslemische Minderheit in China. Assimi-
lierungsprozesse und politische Rolle vor 1945. München: Minerva.

Merdani, Airlinda (2013): Das Verhältnis der Religionen in Albanien. Neue
Perspektiven für die Europäische Union. Wiesbaden: Springer VS.

Metcalf, Barbara (2014): Islamic Revival in British India. Deoband 1860–
1900. Princeton: Princeton University Press.

Mulder, Niels (1970): Aliran kebatinan as an expression of the Javanese world view. In: Journal of Southeast Asian Studies 1 (2): 105–114.

Murray, Stephen (1997): The will not to know. Islamic accommodations of male homosexuality. In: Will Roscoe /Stephen Murray, Hg.: Islamic homosexualities. Culture, history, and literature. New York: New York University Press, 14–54.

Musaj, Shpresa (2011): Albaniens Religiosität – Konstante im Wandel der Zeit. Zwischenkirchliche und interreligiöse Toleranz auf dem Balkan. Marburg: Tectum Verlag.

Musawah (2011): CEDAW and Muslim family laws. In search of common ground. https://www.musawah.org/resources/cedaw-and-muslim-family-laws-in-search-of-common-ground/, abgerufen am 25.5.2021.

Muzaffar, Chandra (1987): Islamic resurgence in Malaysia. Petaling Jaya: Fajar Bakti.

Mylius, Norbert (1962): Die Funktion des javanischen Wayang in der Gegenwart. In: Anthropos 57 (3/6): 591–603.

Nagata, Judith (1984): The reflowering of Malaysian Islam. Modern religious radicals and their roots. Vancouver: University of British Columbia Press.

Nanda, Serena (1999): Neither man nor woman. The hijras of India. Belmont, Calif.: Wadsworth.

Natvig, Richard (1987): Oromos, slaves, and the zar spirits. A contribution to the history of the zar cult. In: The International Journal of African Historical Studies 20 (4): 669–689.

Neugebauer, Vivien (2015): Europa im Islam – Islam in Europa. Islamische Konzepte zur Vereinbarkeit von religiöser und bürgerlicher Zugehörigkeit. Frankfurt: Lang.

Neweklowsky, Gerhard (1996): Die bosnisch-herzegowinischen Muslime. Geschichte. Bräuche. Alltagskultur. Klagenfurt: Wieser.

Noor, Farish (2000): From Majapahit to Putrajaya. The kris as a symptom to civilizational development and decline. In: South East Asia Research 8 (3): 239–279.

Omerika, Armina (2013): Muslimische Stimmen aus Bosnien und Herzegowina. Eine Einleitung. In: Omerika, Armina, Hg.: Muslimische Stimmen aus Bosnien und Herzegowina. Die Entwicklung einer modernen islamischen Denktradition. Freiburg: Herder, 11–60.

Ong, Aihwa (1987): Spirits of resistance and capitalist discipline. Factory women in Malaysia. Albany: State University of New York Press.

Ong, Aihwa (1995): State versus Islam. Malay families, women's bodies, and the body politics in Malaysia. In: Ong, Aihwa/Michael G. Peletz, Hg.: Bewitching women, pious men. Gender and body politics in Southeast Asia. Berkeley: University of California Press, 159–194.

Othman, Norani (1994): The socio-political dimension of Islamization in Malaysia. A cultural accommodation of social change. In: Othman, Norani, Hg.: Shari'a law and the modern nation-state. A Malaysian symposium. Kuala Lumpur: Sisters in Islam, 123–146.

Othman, Norani, Hg. (2005): Muslim women and the challenge of Islamic extremism. SIS Forum Publications: Kuala Lumpur.

Othman, Norani/Cecilia Ng, Hg. (1995): Gender, culture and religion: Equal before God, unequal before man. Kuala Lumpur: Persatuan Sains Sosial Malaysia.

Ourghi, Abdel-Hakim (2017): Reform des Islam. 40 Thesen. München: Claudius.

Pamment, Claire (2010): Jostling for a third space in Pakistani politics. In: The Drama Review 54 (2): 29–50.

Parker, Melissa (1995): Rethinking female circumcision. In: Africa. Journal of the International African Institute 65 (4): 506–523.

Pausacker, Helen (2004): Presidents as punawakan. Portrayal of national leaders as clown-servants in central Javanese wayang. In: Journal of Southeast Asian Studies 35 (2): 213–233.

Peletz, Michael G. (1987): The exchange of men in 19th century Negri Sembilan (Malaya). In: American Anthropologist 14 (3): 449–469.

Penrose, Walter (2006): Colliding cultures. Masculinity and homoeroticism in Mughal and early colonial South Asia. In: O'Donnel, Katherine/Michael O'Rourke, Hg.: Queer masculinities, 1550–1800. Siting same-sex desire in the early modern world. London: Palgrave MacMillan, 144–165.

Perry, Donna L. (2004): Muslim child disciples, global civil society, and children's rights in Senegal. The discourses of strategic structuralism. In: Anthropological Quarterly 77 (1): 47–86.

Petersen, Robert (1994): The character of the kafir. Domains of evil in the wayang golek menak of central Java. In: Asian Theatre Journal 11 (2): 267–274.

Pfeffer, Georg (1995): Manliness in the Punjab. Male sexuality and the khursja. In: Sociologus 45 (1): 26–39.

Pielow, Dorothee (1997): Dämonenabwehr am Beispiel des «Zars» und des islamischen Amulettwesens. In: Zeitschrift der Morgenländischen Gesellschaft 147 (2): 354–370.

Qabus, Sultan/Judith Miller (1997): Creating modern Oman. An interview with Sultan Qabus. In: Foreign Affairs 76 (3): 13–18.

Rais, Hanya (1993): The socio-economic organization of the khusra-community of Rawalpindi. Islamabad: Quaid-i-Azam University (unveröffentlichte Masterarbeit).

Rassekh, Shapour (2004): Education as a motor to development. Recent education reforms in Oman with particular reference to the status of women and girls. Innodata Monographs 15. Educational innovations in action. Genf: UNESCO. http://www.ibe.unesco.org/fileadmin/user_upload/archive/Publications/innodata/inno15.pdf, abgerufen am 28.9.2020.

Reinkowski, Maurus (2005): Gewohnheitsrecht im multinationalen Staat. Die Osmanen und der albanische Kanun. In: Kemper, Michael/Maurus Reinkowski, Hg.: Rechtspluralismus in der islamischen Welt. Berlin: De Gruyter, 121–142.

Resink, Gertrudes J. (1997): Kanjeng Ratu Kidul: The second divine spouse of the sultans of Ngayogyakarta. In: Asian Folkore Studies 56 (2): 313–316.

Rickleffs, Merle C. (2006): The birth of the abangan. In: Bijdragen tot de Taal-, Land- en Volkenkunde 163 (1): 35–55.

Rickleffs, Merle C. (2012): Islamisation and its opponents in Java. A political, social, cultural and religious history, c. 1930 to the present. Singapur: National University of Singapore Press.

Roberts, Perry/Mary Nooter Roberts (2002): A saint in the city. Sufi arts of urban Senegal. In: African Arts 35 (4): 52–73: 93–96.

Robinson, David (1991): Beyond resistance and collaboration. Amadou Bamba and the murids of Senegal. In: Journal of Religion in Africa 21 (2): 149–171.

Rodemeier, Susanne (2014): Mubeng beteng. A contested ritual of circumambulation in Yogyakarta. In: Gottowik, Volker, Hg.: Dynamics of religion in Southeast Asia. Magic and modernity. Amsterdam: Amsterdam University Press, 133–153.

Ross, Eric (1995): Touba. A spiritual metropolis in the modern world. In: Canadian Journal of African Studies 29 (2): 222–259.

Ross, Eric (2011): Globalising Touba. Expatriate disciples in the world city network. In: Urban Studies 48 (14): 2929–2952.

Rouzi, Abdulrahim (2013): Facts and controversies on female genital mutilation and Islam. In: The European Journal of Contraception and Reproductive Health Care 18: 10–14.

Sanday, Peggy Reeves (2002): Women at the center. Life in a modern matriarchy. Ithaka: Cornell University Press.

Savishinsky, Neil T. (1994): The Baye Fall of Senegambia. Muslim Rastas in the promised land? In: Africa. Journal of the International African Institute 64 (2): 211–219.

Schimmel, Annemarie (1975): Mystical dimensions of Islam. Chapel Hill: University of North Carolina.

Schimmel, Annemarie (2005): Sufismus. Eine Einführung in die islamische Mystik. München: Beck.

Schlehe, Judith (1996): Reinterpretations of mystical traditions. Explanations of a volcano eruption in Java. In: Anthropos 91 (4/6): 391–409.

Schmitt, Oliver Jens (2007): Geschichtsmythen im albanisch-sprachigen Westbalkan. Gebrochene Erinnerung und Neuschaffung von Traditionen am Beispiel des albanischen Nationalhelden Skanderbeg. In: Brix, Emil et al., Hg.: Südosteuropa. Traditionen als Macht. Wien: Verlag für Geschichte und Politik, 165–176.

Schmitt, Oliver Jens (2012): Die Albaner. Eine Geschichte zwischen Orient und Okzident. München: Beck.

Schröter, Susanne (2002): FeMale. Über Grenzverläufe zwischen den Geschlechtern. Frankfurt: Fischer.

Schröter, Susanne (2008): Die Debatte um religiösen Pluralismus in Indonesien. In: Schulze, Fritz/Holger Warnk, Hg.: Religion und Identität: Muslime und Nicht-Muslime in Südostasien. Wiesbaden: Harrassowitz, 1–22.

Schröter, Susanne (2010): Gender and Islam in Southeast Asia. An overview. In: Schröter, Susanne, Hg.: Gender and Islam in Southeast Asia. Women's rights movements, religious resurgence and local traditions. Leiden: Brill, 7–54.

Schröter, Susanne (2014): Between sastra wangi and perda sharia. Debates over gendered citizenship in post-authoritarian Indonesia. In: Kathryn Robinson, Birgit Bräuchler, Schröter, Susanne, Hg.: Review of Indonesian and Malaysian Affairs (RIMA) 48(1), Special Issue: Modes of belonging. Citizenship, identity and difference in Indonesia, 67–94.

Schröter, Susanne (2016): Gott näher als der eigenen Halsschlagader. Fromme Muslime in Deutschland. Frankfurt: Campus.

Schultz, Ulrike (2007): Autonomie oder Sicherheit. Das Aushandeln von Familiennormen in sudanesischen Familien. In: Africa Spectrum 42 (2): 167–194.

Schwartz, Werner (1983): Die Anfänge der Ibaditen in Nordafrika. Der Beitrag einer islamischen Minderheit zur Ausbreitung des Islam. Wiesbaden: Harrassowitz.

Seesemann, Rüdiger (2005): The paradox of secularization. The case of Islamist ideas on women in the Sudan. In: Sociologus 55 (1): 89–118.

Şenay, Banu (2015): Artists, antagonisms and the ney in the popularization of ‹Sufi music› in Turkey. In: European Journal of Cultural Studies 18 (1): 52–69.

Sidahmed, Abdel Salam (2001): Problems in contemporary application of Islamic criminal sanctions. The penalty for adultery in relation to women. In: British Journal of Middle Eastern Studies 28 (2): 187–204.

Snouck-Hurgronje, Christiaan (1906): The Acehnese. Leiden: Brill.

Soenarto, Ermita (2005): From saints to superheroes. The wali songo myth in contemporary Indonesia's popular genres. In: Malaysian Branch of the Royal Asiatic Society 78 (2): 33–82.

Sorgenfrei, Somin (2013): American dervish. Making mevlevism in the United States of America. Gothenburg: Gothenburg University.

Stadtmüller, Georg (1950): Geschichte Südosteuropas. München: Oldenbourg.

Staquf, Yahya C. (2020): Responding to a fundamental crisis within Islam itself. In: Public Discourse. The Journal of the Witherspoon Institute vom 11. Juli 2020. https://www.thepublicdiscourse.com/2020/07/64947/, abgerufen am 11.9.2020.

Stivens, Maila (1996): Matriliny and modernity. Sexual politics and social change in rural Malaysia. Sydney: Allen & Unwin.

Sürek, Tunay (2015): Die Verfassungsbestrebungen der Tanzimat-Periode. Das ‹Kanun-i Esasi› – Die osmanische Verfassung von 1876. Frankfurt: Peter Lang.

Taha, Mahmoud Mohamed (1987): The second message of Islam. New York: Syracuse University Press.

Telbizova-Sack, Jordanka (2008): Die Balkan-Muslime und Europa. In: Faraldo, José Maria et al., Hg.: Europa im Ostblock. Vorstellungen und Diskurse (1945–1991). Köln: Böhlau, 189–198.

Trimingham, Spencer J. (1998): The sufi orders in Islam. Oxford: Oxford University Press.

Turner, Victor W. (2005): Das Ritual. Struktur und Antistruktur. Frankfurt: Campus.

Ücar, Bülent (2004): Der Umgang mit Minderheiten im Osmanischen Reich. In: Bielefeldt, Heiner/Jörg Lüer, Hg.: Rechte nationaler Minderheiten. Ethische Begründung, rechtliche Verankerung und historische Erfahrung. Bielefeld: Transcript, 100–123.

Uyar, Yaprak Melike/S. Şehvar Beşiroğlu (2012): Recent representations of the music of the Melevi order of Sufism. In: Journal of Interdisciplinary Music Studies 6 (2): 137–150.

Van der Veer, Peter (1992): Playing or praying. A Sufi's saint day in Surat. In: The Journal of Asian Studies 51 (3): 545–564.

Van Dijk, Kees (1998): Dakwah and indigenous culture. The dissemination of Islam. In: Bijdragen tot de Taal-, Land- en Volkenkunde 154 (2): 218–235.

Volk, Thomas (2017): Auf dem Weg in die Marabukratie? Muslimische Bruderschaften und ihr Einfluss in Senegal. Konrad-Adenauer-Stiftung: 34, https://www.kas.de/documents/252038/253252/7_dokument_dok_pdf_51229_1.pdf/85966b22-3441-a854-bf62-d9952201951a?version=1.0&t=15396 48051923, abgerufen am 3.12.2020.

Wade, Jenny (2019): The castrated gods and their castration cults. Revenge, punishment and spiritual supremacy. In: International Journal of Transpersonal Studies 38 (1): 31–58, https://digitalcommons.ciis.edu/cgi/view content.cgi?article=1605&context=ijts-transpersonalstudies, abgerufen am 1.1.2021.

Wadud, Amina (1992): Qur'an and woman. Re-reading the sacred text from a woman's perspective. Oxford: Oxford University Press.

Wadud, Amina (2006): Inside the gender jihad. Women's reform in Islam. Oxford: Oneworld.

Walton, Susan Pratt (2007): Aesthetic and spiritual correlations in Javanese gamelan music. In: The Journal of Aesthetics and Art Criticism 65 (1): 31–41.

Weismann, Itzchak (2007): The Naqshbandiyya. Orthodoxy and activism in a worldwide Sufi tradition. London: Routledge.

Weithmann, Michael W. (2000): Balkan-Chroniken. 2000 Jahre zwischen Orient und Okzident. Regensburg: Pustet.

Wellhausen, Julius (1901): Die religiös-politischen Oppositionsparteien im alten Islam. Berlin, 3–108, https://archive.org/details/in.ernet.dli.2015.358135/page/n7/mode/2up, abgerufen am 3.10.2020.

Wessing, Robert (2016): The antecedents of a cosmopolitan queen. In: Anthropos 111 (2): 371–393.

Widiyanto, Asfa (2006): Spirituality amidst the uproar of modernity. The ritual of dhikr and its meanings among members of Naqshbandy Sufi order in Western Europe. In: Al-Jami'ah 44 (2): 251–274.

Wikan, Unni (1978): The Omani xanith. A third gender role? In: Man 13 (3): 473–475.

Wilde, Andrea (2014): Verknüpft wie das Halsband der Plejaden mit der Kreisbahn des Saturn. Zur sozialen Mobilität im Buchara des frühen 18. Jahrhunderts. In: Behzadi, Lale et al., Hg.: Bamberger Orientstudien. Bamberg: University of Bamberg Press, 339–380.

Wilkinson, John C. (1987): The Imamate tradition of Oman. Cambridge: Cambridge University Press.

Woodward, Mark (1988): The «slametan». Textual knowledge and ritual performance in central Javanese Islam. In: History of religions 28 (1): 54–89.

Woodward, Mark (1989): Islam in Java. Normative piety and mysticism in the Sultanate of Yogyakarta. Tuscon: University of Arizona Press.

Woodward, Mark (1991): The «garebeg malud» in Yogyakarta. Veneration of the prophet as imperial ritual. In: Journal of Ritual Studies 5 (1): 109–132.

Woodward, Mark (2011): Java, Indonesia and Islam. London: Springer.

Yavuz, Hakan (1999): The matrix of modern Turkish Islamic movements. The Naqshbandi Sufi Order. In: Özdalga, Elisabeth, Hg.: Naqshbandis in western and central Asia. Istanbul: Swedish Research Institute in Istanbul, 129–146.

Yildirim, Cüneyd (2019): Die Melamiyye von Rumelien. Sozial- und Ideengeschichte einer Sufi-Gemeinschaft. Würzburg: Ergon.

Yilmaz, Ihsan (2018): Islamist third worldism in Turkey. Erbakan's national outlook (milli gorus) movement. https://papers.ssrn.com/sol3/papers.cfm?abstract_id=3208220, abgerufen am 2.1.2021.

Young, Antonia (2000): Women who become men. Albanian sworn virgins, Oxford: Berg.

Yousefi, Hamid Reza (2016): Einführung in die islamische Philosophie. Paderborn: Wilhelm Fink.

Zanga, Louis (1980): Enver Hoxhas Krieg gegen die Religionen. In: Osteuropa 30 (1): 50–57.

Zaugg, Franziska A. (2016): Albanische Muslime in der Waffen-SS. Von «Großalbanien» zur Division «Skanderbeg». Paderborn: Schöningh.

Zenkovsky, Sophie (1945): Marriage customs in Omdurman. In: Sudan Notes and Records 26 (2): 241–255.

Zenkovsky, Sophie (1950): Zar and tambura as practised by the women of Omdurman. In: Sudan Notes and Records 31 (1): 65–81.

Bildnachweis

Islam in C.H.Beck Wissen

Heinz Halm
Der Islam
Geschichte und Gegenwart
11., aktualisierte Auflage. 2018. 112 Seiten mit 3 Karten und 1 Graphik.
Broschiert

Hartmut Bobzin
Der Koran
Eine Einführung
10., überarbeitete Auflage. 2018. 143 Seiten mit 3 Abbildungen. Broschiert

Hartmut Bobzin
Mohammed
5. Auflage. 2016. 128 Seiten mit 1 Karte und 1 Stammbaum. Broschiert

Ulrich Rudolph
Islamische Philosophie
Von den Anfängen bis zur Gegenwart
4. Auflage. 2018. 128 Seiten. Paperback

Annemarie Schimmel
Sufismus
Eine Einführung in die islamische Mystik
6., durchgesehene Auflage. 2018. 127 Seiten. Broschiert

Tilman Seidensticker
Islamismus
Geschichte, Vordenker, Organisationen
4., durchgesehene und aktualisierte Auflage. 2016. 127 Seiten.
Broschiert

C.H.Beck